LA COUR
D'UN
PRINCE RÉGNANT,
OU
LES DEUX MAITRESSES;

PAR
LE BARON DE LAMOTHE-LANGON,

AUTEUR
DE M. LE PRÉFET, DE L'ESPION DE POLICE, etc.

Le reproche en un sens le plus honorable
que l'on puisse faire à un homme, c'est
de lui dire qu'il ne sait pas la cour; il n'y
a sorte de vertus qu'on ne rassemble en lui
par ce seul mot.
LA BRUYÈRE.

TOME QUATRIÈME.

Deuxième Édition.

PARIS.
AMBROISE DUPONT ET Cie., LIBRAIRES,
RUE VIVIENNE, N°. 16.

1827.

LA COUR

D'UN

PRINCE RÉGNANT,

OU

LES DEUX MAITRESSES.

IV.

PARIS — IMPRIMERIE DE FAIN,
Rue no 4 Place de l'Odéon

LA COUR
D'UN
PRINCE RÉGNANT,

OU

LES DEUX MAITRESSES;

PAR

E. L. B. DE LAMOTHE-LANGON,

AUTEUR DE MONSIEUR LE PREFET, DE L'ESPION
DE POLICE, etc.

Le reproche en un sens le plus honorable
que l'on puisse faire a un homme, c'est
de lui dire qu'il ne sait pas la cour, il n'y
a sorte de vertus qu'on ne rassemble en
lui par ce seul mot.

LA BRUYÈRE.

TOME QUATRIÈME.

Deuxième Édition.

PARIS.
AMBROISE DUPONT ET Cie., LIBRAIRES,
RUE VIVIENNE, No. 16.

1827.

LA COUR
D'UN
PRINCE RÉGNANT.

CHAPITRE XXXVIII.

Nunquam potest non esse virtuti locus.
SENEQUE, *Medee*, Act. II, Sc I
Rien ne peut empêcher la vertu de se produire.

LÉOPOLD, chaque jour, s'attachait davantage au Ministre, dont il admirait le noble caractère; il le secondait dignement dans ses travaux entrepris pour le soutien de la cause du Prince, et pour le bonheur des sujets. Ce jeune homme déployait des talens supérieurs, et le Comte, à son tour, le regardait comme né pour le remplacer. Depuis l'instant que Léopold avait obtenu de la comtesse de Sebendal la permission de paraître chez elle, il devint exact à s'y montrer, et le portrait de mademoiselle d'Hertal en fut le prétexte plausible. Wilhelmine, par sa présence continuelle, contrariait les deux amans; mais enfin ils pouvaient se parler, ils passaient ensemble deux heures entières, et ils étaient alors contens.

On exprimerait difficilement la surprise mêlée de colère qui s'éleva dans l'ame de Léopold, le jour où, pour la première fois, il rencontra Édouard de Sebendal qui, par hasard, n'avait jamais paru chez sa mère au moment où Reich y était venu. Un seul regard suffit à ce dernier pour reconnaître l'amant d'Adèle; il apprecia sur-le-champ le motif de son travestissement, et fut choqué outre-mesure d'une conduite aussi peu mesurée. Son projet était de s'en expliquer sur-le-champ avec lui; mais on a vu comment le Ministre, sans le savoir; le contraria dans cette pensée en le faisant demander intempestivement. Léopold s'empressa de se rendre à son invitation, dans l'espérance de pouvoir être bientôt libre ; il se trompa encore. Waldein l'emmena chez lui pour lui faire transcrire une pièce de la plus haute importance, et qu'on ne pouvait confier à un commis ; ce travail le retint toute la journée, et même bien avant dans la nuit.

Ce fut le lendemain seulement que, rendu à lui-même, il put exécuter son projet ; il n'eut garde de le communiquer au Comte, dont il eût redouté les conseils. Il se croyait le frère d'Adèle, et chargé à ce titre du soin de défendre son honneur. Il courut donc à l'hôtel du comte Édouard. On sait que ce dernier n'habitait pas le palais avec sa mère ; il était resté dans la demeure de sa famille. Léopold fut fâché d'apprendre que M. de Sebendal était parti de la veille sans dire le lieu de son voyage, ni la route qu'il avait prise. Le fils du Pasteur s'en retourna de méchante humeur. A quel excès ne fut-elle pas redoublée, lorsqu'en entrant chez le comte de Waldein, son domestique lui remit une lettre de madame de Sebendal, où celle-ci, s'exprimant avec une insolente sécheresse, le prévenait que des motifs de la plus haute importance ne lui permettaient plus de le recevoir, et qu'il était inutile qu'il songeât à terminer le portrait de Louise.

Cet événement inattendu fut un coup de foudre pour Reich; il crut y reconnaître la main de Sebendal, et plus que jamais il jura de punir cet audacieux courtisan qui l'eloignait avec d'aussi indignes manœuvres. Après avoir laissé passer le premier moment de son chagrin, il voulut aller voir Adèle, et s'informer, avec le jardinier Barrow, de la part qu'il pouvait avoir prise au déguisement du Comte; tandis qu'il franchissait la porte de l'hôtel, on le demanda de la part du Ministre. Il maudit le nouveau contre-temps, et vint trouver son protecteur, bien décidé à le prier de lui accorder une heure pour aller à la maison du faubourg. En entrant dans le cabinet, il remarqua sur le visage du Comte un air de contrainte qui ne lui était pas ordinaire.

« Cher enfant, lui dit le Ministre, qui se plaisait souvent à lui donner ce nom, je viens d'apprendre un événement bien extraordinaire : le jardinier de ma petite maison est accouru ce matin pour m'annoncer que dans la nuit plusieurs personnes armées se sont présentées chez ta sœur. On a parlé d'ordres du Prince, on l'a forcée à se lever, et, après l'avoir entraînée dans une chaise de poste, malgré ses supplications et ses larmes, on l'a faite partir pour une destination inconnue ; j'avoue qu'une pareille aventure me confond. Son Altesse n'a pas l'usage de commander de semblables expéditions ; et, jusqu'à ce jour, j'avais toujours été instruit des ordres qu'il avait pu donner pour s'assurer des personnes suspectes. Comment se fait-il que mademoiselle de Meisberg, qui passait pour ma parente, ait reçu cet affront, ou plutôt qu'on me l'ait adressé ? »

Le discours du Comte ajouta une nouvelle dose à la fureur de Léopold. « Non, Excellence, s'écria-t-il, je ne pense pas que le Prince soit coupable de cet enlèvement; il a pris sa cause dans une autre source, on a abusé de ce nom sacré. Je crois connaître le véritable criminel. » Alors Léopold raconta rapidement les tentatives de Sebendal, sa rencontre de la veille avec lui, Reich, et son départ subit la même nuit, à l'heure même où Adèle était disparue. Cette narration parut si claire au Ministre, qu'il partagea l'opinion de Léopold.

« Cela ne doit pas m'empêcher, dit-il, d'aller m'en expliquer avec le Prince : outre que je dois lui rendre compte de cet événement qui sort des règles communes, je veux en outre m'assurer s'il n'y est pas entré pour quelque chose : ce ne serait pas la première fois que l'on serait trompé par les apparences. » Après avoir ainsi parlé, Waldem sonna et commanda qu'on fît venir le jardinier qui avait reçu l'ordre de rester à l'hôtel. Dès qu'il parut, l'impétueux Léopold fut à lui : « Misérable ! lui cria-t-il, ne savais-tu pas qu'un seducteur coupable s'était introduit dans ma maison? Ne lui avais-tu pas facilité les moyens de parvenir jusqu'à ma sœur? » Barrow, à ces terribles paroles, comprit que Léopold était instruit d'une partie de la vérité : il résolut de ne faire aucun aveu qui le pût compromettre.

« Je vous jure, Monsieur, que je ne sais pas ce que vous voulez me dire, et je ne suis pour rien dans l'événement qui vous prive de votre sœur. » — « Me nieras-tu que tu ne savais pas le nom véritable de ton prétendu garçon jardinier? Est-il faux que cet homme fût le comte..... » — « Arrêtez, Léopold, dit le Ministre en l'interrompant, il est inutile de prononcer le nom de ce personnage. (Puis s'adressant au jardinier) : Barrow, si vous voulez que je vous pardonne, dites-moi tout ce que vous savez; à ce prix vous pourrez comptez sur mon indulgence. » — « Hélas ! Monseigneur, lorsque je pris cet ouvrier, je ne pouvais le soupçonner de ne pas être ce qu'il paraissait. M. Birmann, le valet de chambre du comte de Sebendal, me demanda si je voulais recevoir un jeune militaire qui, retiré du service, désirait apprendre le jardinage pour entrer ensuite en qualité de jardinier chez son maître; qu'on me paierait une forte somme pour prix de son apprentissage. Je ne balançai pas à croire ce qui m'était dit, et le garçon fut accepté. Je ne tardai point à m'apercevoir que ses manières n'étaient nullement celles d'un homme de sa sorte, et je recommençai à le surveiller. Ma première pensée fut que ce pouvait être le galant d'une de mes filles; je redoublai alors de soin; mais il y a quelques jours que mes doutes furent éclaircis : je le reconnus pour être un grand seigneur à ses papiers qu'il laissa tomber et que je ramassai. Je me le tins pour dit, et de suite, sans me laisser prendre ni à ses prières ni aux promesses qu'il me fit ensuite, je lui donnai son congé et je lui fis vider la maison. Je sens qu'alors j'ai eu tort : il eût fallu en prévenir Votre Excellence ou M. Leopold; mais je craignais de me trouver mêlé dans une méchante affaire, et je crus avoir rempli mon devoir en chassant le personnage mal avisé. Voilà tout ce que je sais, voilà tout ce que je puis vous dire; pardonnez-moi si j'ai commis une faute, mais je n'ai été le complice de personne, je vous le jure. »

Barrow termina ainsi son adroit plaidoyer. Le Ministre ne lui répondit pas d'une manière positive; il le renvoya en lui disant qu'il allait examiner cette affaire et qu'il gardât un profond silence sur tout ce qu'il savait. Après son départ, Waldein engagea son jeune secrétaire à prendre patience. « Je vais de ce pas au château parler au Prince; vous, de votre côté, courez à la maison d'Adèle; voyez s'il ne s'y trouvera pas quelque trace de son enlèvement; surtout, mon enfant, je vous en conjure, écoutez la sagesse; ne précipitez rien, et, avant d'agir d'une ou d'autre manière, attendez que je vous instruise de la conférence que je vais avoir avec le Prince. »

Léopold le lui promit avec peine et,

prenant congé de cet homme parfait, il se rendit dans le faubourg où il arriva en même temps que Barrow. Le récit que celui-ci avait fait de l'exécution du crime dont Adèle avait été la victime malheureuse prouvait que mademoiselle Meisberg n'avait pas consenti à suivre ses ravisseurs. Mais le jardinier disait-il toute la vérité? Léopold était loin de le croire : il le fit venir de nouveau, il l'interrogea de toute manière, mais Barrow ne se coupa point. Avant de rentrer, il était passé chez Birmann, et, ayant appris le départ de celui-ci avec le comte de Sebendal, il fut d'autant plus effronté qu'il ne craignit plus que Birmann vînt le confondre.

Léopold, rebuté de l'inutilité de ses tentatives, passa dans l'appartement de sa sœur supposée, et, poussé par une crainte intérieure qu'elle n'eût volontairement suivi ses ravisseurs, il chercha s'il en existait quelque trace. Tout, au contraire, annonçait la violence : l'armoire d'Adèle était ouverte; il paraissait qu'on en avait tiré précipitamment quelques hardes pour garnir une valise. Dans ce moment, le petit coffre où Léopold croyait que madame Meisberg, d'après le dire d'Adèle, avait enfermé ses papiers de famille, frappa ses yeux. Il se rappela que cette dame était venue à la résidence pour les montrer au Prince et que sa maladie l'en avait seule détournée. Il songea que, dans la circonstance présente, il était convenable de vérifier ce qui pouvait être renfermé dans cette cassette, et, n'en ayant pas trouvé la clef, il prit le parti de l'emporter avec lui et d'en forcer la serrure en présence du comte de Waldein.

Ce dessein arrêté, voyant d'ailleurs que l'inspection des lieux ne lui fournissait pas d'autres lumières, il referma soigneusement l'appartement et s'en revint à l'hôtel du Ministre attendre le retour de celui-ci. Il ne tarda pas à reparaître, et les premières questions de Léopold lui prouvèrent son impatiente curiosité. « Je ne me suis pas trompé dans ma dernière conjecture, dit Waldein, le Prince est innocent; j'en ai l'assurance, ou il serait le plus abominable des hommes. Il m'a juré qu'il n'avait jamais donné un ordre pareil, qu'il ne pouvait imaginer qui avait été assez téméraire pour oser se servir de son nom. Au reste, j'ai, par son commandement, donné les instructions les plus sévères aux chefs de la police afin qu'on cherchât à découvrir les auteurs de cet audacieux enlèvement. Il m'a paru touché de la peine que nous causait cette affaire, et, sachant la part que mon secrétaire y prenait, il m'a engagé à te prier d'aller le trouver, afin d'être mieux instruit par ta bouche de tout ce qui s'est passé. »

— « Moi! j'irais chez le Prince, Monseigneur? c'est une chose impossible, s'écrie Léopold, qui ne se souciait pas d'être reconnu par son ancien ami. » — « Voilà, dit le Ministre, un singulier caprice! et pourquoi, s'il vous plaît, ne voulez-vous point paraître aux yeux de votre souverain? Pensez-vous, Léopold, que j'aie le projet de laisser vos talens enfouis dans l'obscurité de mon cabinet? J'ai formé pour vous un plan qui doit vous conduire à de grandes choses ; vous parviendrez à la fortune par la voie la plus honorable ; ainsi soumettez-vous à ce que j'exigerai de votre amitié. »

— « Je dois, repartit Léopold, représenter à Votre Excellence qu'alors où je suis venu auprès d'elle, je n'ai nullement songé à prétendre parvenir aux hautes dignités : je fuyais l'oisiveté et quelques peines secrètes. Mais mon opinion ne me permet pas un rôle qui me conduirait à ramper devant un maître. » — « Léopold, songez-vous à ce que vous dites ? lui dit le Ministre avec une extrême sévérité. Pensez-vous que j'abaisse la dignité de l'homme lorsque j'ai consenti à servir le souverain et mon pays ? » — « Ah ! Monseigneur, pardonnez ce propos que m'arrache mon éloignement pour ce que les mortels recherchent le plus ; et si je me refuse à paraître devant le Prince, croyez que j'en ai un juste motif » — « Je ne pourrai apprécier son importance, reprit Waldein, tant que je l'ignorerai ; et je ne puis concevoir quelle cause peut vous détourner de vous rendre à l'invitation de votre souverain. »

— Léopold connut qu'il s'était trop avancé pour continuer à garder le silence, et alors, prenant la parole, il raconta tout ce qui lui était arrivé en Italie; sa rencontre avec le Prince héréditaire et l'amitié que celui-ci lui témoignait; son désir de s'attacher Léopold, et les refus du fils du Pasteur d'Obernoff. Le comte de Waldein dissimula de son mieux la joie que lui causait ce récit, afin de ne pas éveiller la méfiance du jeune homme; mais lorsqu'il l'eût achevé: « Certes, dit-il à Léopold, je suis bien surpris que vous n'ayez jamais cru devoir en informer votre parrain dans les lettres que vous lui avez écrites : on ne trouve pas un mot de tout cela dans votre correspondance, et, si nous l'avions su plus tôt, notre conduite eût été différente. »

— « Léopold ne fit attention dans ce discours qu'à une seule chose : le nom de son parrain avait été prononcé, et il lui rappelait que depuis plusieurs mois Schalborg ne lui avait pas donné signe de vie ; il s'en plaignit vivement au Ministre ; le comte Waldein lui répondit en souriant : « Rassure-toi, mon enfant, Schalborg ne cesse de penser à toi ; je me charge de lui transmettre les expressions de ton attachement, il y sera sensible ; mais il ne t'écrira pas encore de quelque temps : le voyage qu'il fait demande un secret sans exemple, et il ne lui est pas permis de communiquer avec toi. » Cela ne satisfit pas notre jeune homme : il ne pouvait comprendre la cause de ce mystère ; son père aussi, M. Reich, ne parlait jamais de son parrain dans les lettres qu'il lui écrivait, et il en coûtait à son cœur de souffrir ce silence de la part d'une personne qui méritait si bien toute sa tendresse. Ici le Comte, encore plus ému, le serra dans ses bras en vantant l'excellence de son caractère. Cependant il revint à la charge, en lui enjoignant plus que jamais de se preparer le lendemain à venir chez le Prince.

« Peut-être, dit-il, ne reconnaîtra-t-il

plus son ancien ami ; dèslors, tu n'auras pas besoin de lui rappeler les époques passées, et si son souvenir n'est point sorti de ta mémoire, tu recevras avec la dignité d'un noble Allemand ce qu'il voudra faire pour toi. » Léopold ne répondit pas, car il n'était pas encore décidé à l'obéissance. Le Ministre reprenant ensuite la parole : « Au reste, je me charge de traiter la partie de l'affaire qui regarde ta sœur adoptive avec le comte de Sebendal lui-même : j'ai tu au Prince cette partie de nos soupçons, et dès que le comte Édouard sera de retour de son voyage, repose-toi sur moi du soin de le faire expliquer à ce sujet. »

Léopold n'osa pas refuser d'obéir à Waldein en cette circonstance, moins encore lui apprendre son nouveau sujet de courroux contre Sebendal : il attribuait à celui-ci son expulsion de chez la Dame d'honneur, et c'était à ses yeux un crime bien difficile à pardonner.

CHAPITRE XXXIX.

*D'un secret tout a coup la verite connue
Change tout, donne a tout une face imprevue.*
BOILEAU, *Art poetique*, Chant III.

Léopold, pour détourner la conversation et se laisser le droit d'agir à sa fantaisie, annonça au Comte qu'il avait apporté la cassette dans laquelle il avait la certitude que madame Meisberg avait renfermé des pièces intéressantes pour sa fille, et qu'elle destinait au prince Henri. Cette révélation nouvelle attira l'attention du Ministre. « Voilà mon enfant, dit-il, une étourderie impardonnable dans un novice diplomate : Quoi ! votre sœur possède depuis la mort de sa mère des papiers importans, utiles peut-être à son existence dans le monde, et vous en faites un mystère profond, ou plutôt vous n'y songez ni l'un ni l'autre ! Ne perdons pas de temps à réparer cette étourderie, et voyons ce que ce coffre peut contenir. »

Reich le plaça sur le bureau du Ministre ; et celui-ci ayant fait demander ce qui était nécessaire pour le forcer, on l'eut bientôt ouvert. Une assez grosse liasse de papiers se présenta d'abord. Léopold la tira de la cassette, puis, s'étant aperçu qu'il y avait un double fond, il en chercha le secret, et, l'ayant rencontré, fit l'inventaire des divers objets qu'on y avait renfermés. D'abord un riche collier de perles, des pendans d'oreilles, une agrafe et trois bagues de diamans, qui, par la grosseur des pierres et la beauté de la taille, annonçaient qu'elles étaient d'un haut prix. Il y avait en outre un sac de peau renfermant deux miniatures, un portrait de femme et le portrait d'un homme entouré de superbes brillans. A la vue de ces deux peintures, le Comte laissa échapper une exclamation involontaire.

« Grand Dieu, s'écria-t-il, le temps et la Providence m'amèneront-ils enfin à être instruit de ce que j'ai tant d'intérêt à connaître? Cher Leopold, vous ne pouvez vous douter de l'importance, pour moi, de notre découverte. Avant peu je vous en dirai les motifs ; mais prenons les papiers, sans doute ils achèveront de m'éclairer. » Il dit, et, défaisant la liasse, il en sépare divers titres : l'un était l'acte de mariage de madame Meisberg ; l'autre, l'extrait de naissance d'Adèle; le troisième était intitulé *Mémoires de ma vie, adressés à son altesse régnante, le prince Henri.* Enfin, à la suite venait un grand nombre de lettres que le Comte parcourut avidement, en versant de temps en temps quelques larmes qui lui étaient arrachées par le souvenir du passé.

Léopold, à la vue de tout ce qui se passait devant lui, demeura immobile ; sa curiosité, comme on peut le croire, se trouva fortement excitée ; cependant sa discretion était telle qu'il ne crut pas devoir se permettre la moindre question, laissant à son bienfaiteur le droit de lui apprendre ce qu'il jugerait convenable. Waldein ne le laissa pas long-temps dans cette incertitude. «Que ne vous dois-je pas, mon enfant! Quelle ne sera pas la reconnaissance du Prince à votre égard! Vous avez, par votre admirable conduite envers une malheureuse abandonnée, sauvé l'honneur de votre Souverain et de votre ami; vous êtes devenu le protecteur de sa sœur et de ma nièce.»

—« Que me dites-vous là! s'ecria Léopold. Quoi! mademoiselle Meisberg...»—« Est la fille de feu prince Guillaume, père d'Henri, et de la baronne de Waldein, ma sœur, aussi aimable qu'infortunée. Voilà ce que me prouvent les actes qui m'étaient inconnus jusqu'à ce jour. Je n'étais instruit que de la disparition de ma sœur, et j'ignorais complétement le reste de son histoire: prenez ce cahier, cher ami, et veuillez m'en faire la lecture, quoi qu'il puisse s'y trouver: ce ne sera pas avec vous que désormais j'userai de réserve.»

Plus Léopold avançait dans les événemens qui se passaient autour de lui, plus il voyait croître sa surprise: c'était à ses yeux une chose si extraordinaire qu'une pauvre orpheline, arrachée par lui aux angoisses de la misère, se trouvât tout à coup la sœur d'un puissant souverain, qu'à plusieurs reprises il se demanda si tout ceci n'était pas un songe. En même-temps, il regrettait la négligence qui lui avait fait oublier de consulter plus tôt cette cassette mystérieuse. Il lui était démontré que les émissaires, qui avaient osé attenter à la liberté d'une obscure bourgeoise, n'eussent pas eu la même hardiesse, s'il se fût agi d'outrager le Prince dans la personne d'une femme qui lui tenait de si près. Une autre réflexion lui montra la certitude d'un mariage entre Adèle et le comte de Sebendal, si elle n'avait contre lui ni haine ni colère, et cette pensée tranquillisa un peu son cœur ulcéré : cependant il ne communiqua pas au Comte ce que nous racontons ici, et, prenant le manuscrit, il se plaça auprès d'une fenêtre, et commença la lecture qui lui était demandée. Madame Meisberg, comme on a vu, adressait le recit de ses aventures au fils illustre de son époux, et elle s'exprimait en ces termes :

« Renfermée depuis long-temps dans une retraite volontaire, que je m'étais juré de ne jamais quitter, je me vois cependant forcée, Monseigneur, de fausser mon serment, et de venir vous implorer, non pour moi qui suis au bout de ma carrière, mais pour ma fille malheureuse qui, en perdant sa mère, va, par un coup imprévu, perdre en même temps sa médiocre fortune. Je ne puis me faire à l'idée que le beau sang qui coule dans ses veines, puisse tomber dans le dernier degré de l'humiliation. J'ai la certitude de lui acquérir une honorable existence, en vous faisant connaître un mystère dont le secret ne vous a pas été révélé ; et il faut ce motif impérieux pour m'arracher à la retraite dans laquelle je m'étais promis d'ensevelir ma vie.

» Les papiers joints à cet écrit, et sur lesquels Votre Altesse aura déjà jeté les yeux quand elle voudra parcourir le paquet que je lui ferai remettre, vous auront appris que j'étais l'épouse légitime de votre auguste père, et que vous avez une sœur, modèle, j'ose le dire, de grâces et de modestes vertus. Je suis la fille du comte Reinold de Waldein, aussi célèbre par ses actions éclatantes que par son inflexible sévérité; ce père, qui n'avait jamais connu aucune des faiblesses humaines, avait fini par ne pas croire qu'on pût être formé différemment que lui : austère dans ses principes comme dans sa conduite, il exposait froidement ses jours sur un champ de bataille, et avec la même froideur il chérissait sa famille, ou plutôt, s'il l'aimait éperdument, il cachait soigneusement ce qu'il appelait une ignoble faiblesse. Jamais il ne pressa ses enfans dans ses bras; jamais il ne leur adressa les expressions de son amour paternel : il les regardait avec plaisir ; il était heureux de les voir croître dignes de lui; mais, se renfermant sous les dehors d'une dignité glacée, il ne leur laissa pas lire la tendresse qu'il leur portait au fond de son cœur. J'étais sa seconde fille, et si ma mère me témoignait un excessif attachement, je ne pouvais, même aux époques de ma première jeunesse, m'accoutumer à l'abord de mon père : il m'inspirait une frayeur involontaire, et le moyen le plus infaillible pour s'assurer de mon obéissance, était la menace d'aller se plaindre au Comte; on faisait alors tout ce qu'on voulait de moi.

Ce n'était qu'en frémissant que j'osais paraître devant l'auteur de mes jours. Mon cœur en vain cherchait à lui vouer quelque tendresse ; il se trouvait toujours fermé à son égard : triste effet de cette sombre manière d'exister vis-à-vis d'une famille. Hélas! mon père ne se doutait pas que l'extrême respect qu'il exigeait ôtait beaucoup à l'amour filial que nous devions avoir pour lui. A cette sévérité poussée à un si haut point, Reinold de Waldein y joignait encore une vanité sans bornes, un orgueil puisé dans la splendeur de sa famille : il ne pouvait comprendre la possibilité d'une mésalliance, et tout à la fois il n'admettait pas davantage ces unions dites de la main gauche, si communes en Allemagne, et si indignes, selon lui, de la grandeur d'une noble maison.

« On ne doit, disait-il, s'allier qu'avec ses égaux, ni monter ni descendre; le déshonneur est pareillement dans les deux excès. Si un sang illustre perd de sa pureté par une union avec un roturier, on n'est pas moins avili, en consentant à ne point porter le titre de femme ou d'époux légitime. Aucun Waldein n'a faibli encore, et que je meure avant de voir ce malheur arriver ! »

Chaque jour ces paroles étaient répétées constamment; elles ajoutaient à ma frayeur, et dans la crainte de connaître un amour que mon père pourrait desapprouver, je fuyais tous les regards, et me renfermais dans une complète retraite. La bonté de ma mère adoucissait la tristesse de cette solitude que venait embellir également l'amitié de mon frère aîné. Je vivais seule sans désirer le monde; ne pouvais-je pas y rencontrer un époux dont les opinions ne seraient pas conformes à celles du Comte? A l'époque où j'entrais dans ma seizième année (peu de temps après le mariage de mon frère), j'eus l'inexprimable douleur de voir mourir, à la suite d'une courte maladie, ma mère que j'adorais avec une véritable idolâtrie. Hélas! en la perdant, je compris l'étendue de la perte que je venais de faire. Ma sœur aînée avait pris un époux : je restais seule dans la maison de mon père, qui, par suite de ses idées exaltées, n'avait pas voulu que je me retirasse dans un couvent.

« Ce n'est pas, disait-il, un lieu convenable pour celles qui ne doivent point y passer leur vie ; on n'y apprend que des choses faites pour rétrécir l'esprit ; on s'y forme au désir des aventures, et ce qui peut être de plus pernicieux pour une jeune personne, est la fréquentation des filles. de son âge. C'est dans la maison paternelle, c'est sous les yeux de ses parens qu'elle doit recevoir son education, et non ailleurs. »

En conséquence de ce principe, je n'avais jamais quitté l'hôtel de Waldein, et lorsque j'eus perdu ma mère, le comte Reinold appela auprès de lui une parente éloignée, qui, mère de deux garçons, les avait placés tous les deux dans les troupes du Prince. Aimant la retraite, comme déjà je vous l'ai dit, Monseigneur, je sollicitai mon père de me permettre de me retirer, pour passer le temps du deuil, au château de Waldein, avec madame d'Erbach, qui ne demandait pas mieux que de me suivre. Le comte Reinold y consentit, et je partis peu de temps après cet évenement déplorable.

Pour la première fois, lorsque je fus rendue au château, je pus respirer librement; la présence de l'auteur de mes jours ne m'inspirait plus une terreur invincible. Je n'entendais pas à tout moment cette tonnante voix qui me faisait tressaillir, et je jouissais comme un enfant de cette tranquillité à qui rien ne me paraissait comparable. Madame d'Erbach, accoutumée à mener une vie de château et à la passer dans une position assez gênée, sa fortune étant excessivement bornée, se trouvait avec moi la plus heureuse des femmes, et son sort actuel lui semblait le plus doux qu'elle pût esperer.

En se rendant aux desirs du comte de Waldein, elle avait eu la pensée qu'il emploierait son vaste crédit à la cour pour placer les deux fils de sa parente. Madame d'Erbach ne songeait qu'à ses enfans, et elle eût sacrifié tout au monde pour assurer leur avancement. Une partie de l'année s'ecoula dans un calme absolu Encore mal remise de ma douleur, je me refusais toute espèce de récréation, et toujours renfermee dans le château, je n'en franchissais que bien rarement les murailles. Mon père était venu me voir deux fois, et dès qu'il avait paru, ma crainte et mon embarras s'etaient montrés à sa suite; sa dernière visite surtout ajouta à mes frayeurs ordinaires, quand je le vis paraître l'œil en feu et la colère peinte sur toute sa personne je n'eus point le courage de lui demander la cause de son etat. Madame d'Erbach, qui ne le redoutait pas autant que moi, fut plus hardie, et voici ce qu'il lui répondit :

« Un monstre a déshonoré ma maison, il a porté la honte dans ma race, et tout mon désespoir est de ne pouvoir le punir. Apprenez que ma sœur, veuve d'un epoux illustre, n'a pas craint de s'allier à un simple bourgeois, à un misérable qui par deux fois lui a sauvé la vie. Ah! que ne la laissait-il périr plutôt que de consommer sa ruine! Oui, madame d Erbach, une Waldein, ma sœur, est aujourd'hui la femme d'un obscur citadin! Lorsque j'ai appris cette odieuse nouvelle, j'ai voulu mettre obstacle à l'exécution d'un projet insensé ; il n'était plus temps, la folie était commise et ma sœur était perdue. Vainement a-t-elle voulu me fléchir en me parlant des vertus de son mari, des éminens services qu'il lui avait rendus ; je n'ai rien entendu : je n'ai vu qu'une Waldein formant une indigne alliance. C'est là tout ce qui pouvait me frapper ; je l'ai quittée en la maudissant, et en priant le ciel que j'invoquais d'étendre l'effet de cette juste imprécation sur tous ceux de mon nom qui montreraient dans leur conduite une faiblesse aussi condamnable. »

Ce discours passionné me fit frémir, et à mon tour, je priai le ciel de ne pas me contraindre à devenir en butte à la malédiction de mon père. Hélas! c'était moi que la fortune voulait accabler ! Faible roseau, je ne pus me dérober à la tempête cruelle qui ne tarda pas à souffler contre moi. Je dois cependant dire que, dans cette circonstance, le Comte me montra un visage moins austère; il mit plus de tendresse dans son accueil, et j'en fus touchée au delà de toute expression. Il me fit entendre qu'il songeait à mon établissement, et qu'après l'année du deuil je serais mariée. Ce n'etait pas ce qui pouvait me faire plus de plaisir ; mais je me gardai bien de lui faire connaître l'éloignement que m'inspirait le mariage : je savais qu'avec mon père il ne fallait que le respecter et obéir.

Il passa quatre jours avec moi; et me quitta en m'annonçant que le silence de la contrée voisine allait être bientôt interrompu par les chasses d'automne que le Prince régnant voulait diriger de ce côté. Le Comte regrettait de ne pouvoir s'y trouver pour lui faire les honneurs du château; mais nommé ambassadeur vers la cour de France, il fallait qu'il partît promptement; la visite qu'il venait me faire était celle des adieux. Oserai je l'avouer? l'eloignement du Comte ne me causa qu'une peine médiocre: mon âme était fermée pour lui; elle ne pouvait chérir que faiblement l'objet perpétuel de son épouvante. Il me semblait que ma liberte deviendrait plus grande, moins je serais rapprochée de celui qui la comprimait. Enfin, mon père partit, et nous retombâmes dans notre calme ordinaire.

Madame d'Erbach songeait au voyage que le Prince ferait dans les environs; elle cherchait déjà les moyens de parvenir jusques à lui pour lui parler de ses enfans, objets de ses continuelles sollicitudes. Je lui dis qu'il serait bien possible que le Prince vînt un jour chasser dans le parc de Waldein; alors nous lui offririons de se reposer, et elle pourrait l'entretenir tout à son aise. A cette idée flatteuse, ma parente m'embrassa vivement; elle me dit tout ce que la joie lui put inspirer, et son contentement fut poussé à l'extrême lorsque le comte Rodolphe, mon frère, arriva inopinément au château. Le Prince, l'engageant à le suivre, l'avait prévenu que souvent il viendrait faire halte à Waldein, et mon frère, d'après cet avertissement, était accouru pour lui faire les honneurs de cette antique demeure.

Rodolphe promit à notre cousine de la présenter au prince Guillaume, et de lui recommander le baron Frédéric et le jeune Wilhem, ce qui transporta de joie madame d'Erbach. Depuis ce moment, tout prit autour de nous une face plus animée : le château se peupla d'un grand nombre de valets, on remeubla plusieurs appartemens, enfin on fit les préparatifs nécessaires pour recevoir convenablement le Souverain.

Huit jours après, le Prince arriva à son rendez-vous de chasse. Mon frère partit pour aller le complimenter; le surlendemain, je reçus une lettre de Rodolphe, qui me mandait qu'à la fin de la journée suivante, passée toute entière dans les bois, le Prince régnant devait venir coucher à Waldein. Comme nous nous attendions à cet honneur, nous avions à l'avance disposé toute chose; aussi ne fus-je pas surprise ni embarrassée de la nouvelle que je recevais. Madame d'Erbach se donna les soins les plus grands pour que rien ne manquât, et pour que la satisfaction de l'hôte auguste fût entière. Il lui semblait que chaque ordre qu'elle expliquait assurait un nouveau droit à ses fils à la récompense souveraine. Je riais quelquefois de tout ce qu'elle faisait, et je pouvais en toute sûreté me reposer sur elle.

Enfin le grand jour arriva. Élevée dans

la retraite, ce n'était pas sans émotion que je voyais paraître l'instant où, pour la première fois, j'allais voir ce qu'on appelle le monde. Les imprécations de mon père, le choix d'un époux qu'il avait déjà fait pour moi, me revenaient dans la pensée, et je me promettais bien de ne rien faire qui pût lui donner le droit de se courroucer contre moi.

CHAPITRE XL.

Qui s'expose au peril veut bien trouver sa perte
                    Polyeucte, act II, sc. IV.

Vers le déclin du jour, le bruit des boîtes et les fanfares de l'équipage de chasse annoncèrent la venue du Prince ; je m'étais richement habillée pour le recevoir, et mes faibles attraits étaient rehaussés par l'éclat de la parure à laquelle madame d'Erbach avait présidé. « Que vous êtes belle ! me dit cette imprudente femme ; ah ! si je me trouvais à votre place, j'obligerais le Souverain à venir dans mes fers : qui sait si, à la fin, il ne finirait pas par vouloir devenir votre époux ? » — « Taisez-vous, Madame, lui dis-je, vous ne pourriez me souhaiter un sort plus malheureux ; ignorez-vous les principes de mon père ? » — « Je sais que mon cousin pense différemment de tout le reste de la société ; mais en devenant la femme du Prince, vous seriez la bienfaitrice de votre famille, et vous occuperiez un rang tel qu'il satisferait la plus active ambition. »

Elle se tut ici ; mais ses funestes paroles ne furent pas perdues, elles tombèrent sur mon cœur, où elles germèrent. Je me rendis sur le perron du château pour recevoir le Prince, comme mon frère me l'avait recommandé ; il arriva quelques minutes après, suivi de Rodolphe et d'une suite nombreuse. Je ne sais où je pris la force nécessaire au rôle que je devais jouer ; je balbutiai, d'une voix inintelligible, un compliment auquel le Souverain répondit avec galanterie, et mes regards mal assurés ayant rencontré les siens, je les vis remplis d'un feu extraordinaire qui, malgré moi, ajouta à mon émotion. Notre hôte auguste m'offrit la main pour passer dans la grande salle ; je sentis que nous tremblions tous deux, et je n'en fus pas plus rassurée ; j'eusse voulu pouvoir me dérober à tout ce monde qui se pressait en foule autour de moi, ou plutôt j'eusse voulu me cacher à moi-même, tant je me sentais faible et embarrassée.

Madame d'Erbach ne me quittait pas plus que mon ombre ; elle n'était occupée que du soin de me faire valoir ; elle répondait pour moi au Prince ; elle excusait ma timidité ; enfin, elle chercha constamment à accélérer le moment de ma perte. Rodolphe me fit signe que je pouvais me retirer ; je fus charmée de cette permission, j'avais besoin de me trouver seule ; je savais d'ailleurs qu'il me faudrait reparaître à l'instant du souper. Je quittai le Prince ; malgré tous mes efforts, il s'obstina à me reconduire jusqu'à la porte, et sa main encore vint porter le trouble dans mon cœur. Madame d'Erbach me suivit dans ma chambre ; la joie éclatait sur sa figure.

« Ma cousine, me dit-elle, le succès a répondu à mon attente : ou je me trompe fort, ou notre Prince est devenu votre esclave; avez-vous vu les regards étincelans qu'il lançait sur vous? Ah! si vous ne vous y opposez pas, votre fortune n'aura pas de bornes! Mais au moins vous consentirez à présenter une demande pour l'avancement de mes fils. »

Je fis observer à ma parente qu'il me paraissait peu convenable de choisir le moment où le Prince était dans notre maison, pour réclamer de lui une grâce qui intéressât des membres de la famille. Madame d'Erbach ne comprenait rien à cette délicatesse; elle continua de me presser plus que jamais, et j'aurais eu grand'peine à me débarrasser de ses importunités, si je n'avais pris le parti de lui dire que je ne me permettrais aucune démarche de ce genre, sans en avoir à l'avance informé mon frère, et obtenu son approbation. Madame d'Erbach, que les délais n'accommodaient point, me quitta en murmurant, et me dit qu'elle espérait pouvoir se passer de mon assistance; j'eus du regret de sa méchante humeur, mais la prudence me traçait cette conduite.

Je revins, comme je le devais, assister au souper du Prince; il se refusa à prendre la première place, voulant que ce fût moi qui lui fisse les honneurs de la maison, et il fallut bien lui obeir en cette circonstance; mais assis à mes côtés, il me parla sans cesse, il m'enivra de ses éloges, et mon pauvre cœur ne sut pas secouer les filets dont on l'enveloppait. Avec quel effroi je me retrouvai seule dans le calme de la nuit! je ne vis plus alors que les fureurs de mon père, son désespoir, les imprecations dont il me chargerait, si je commettais la faute qu'il détestait le plus au monde. Ah! je fis le serment de résister à ma faiblesse, et, puisque je ne pouvais être l'epouse avouee du Prince, de ne jamais consentir à un mariage clandestin.

Toute la nuit se passa dans ces combats intérieurs. Sur le matin, je me trouvai si pâle, si défaite, que je pus prendre le prétexte, pour ne pas descendre, d'une subite et pénible indisposition. Vainement madame d'Erbach, qui me soupçonnait de tromperie, m'engagea à paraître dans le salon pour assister au déjeuner et au départ du Prince, je tins ferme ; je me déclarai très-souffrante, et je ne quittai pas mon lit. Rodolphe, qu'on en instruisit, se hâta de venir me faire sa visite ; il me trouva en effet excessivement pâle, et attribuant mon incommodité aux fatigues de la journée précédente, il se chargea de faire agréer mes excuses au Prince. Celui-ci, en apprenant qu'il ne me verrait pas, dissimula son chagrin pour ne pas éveiller le soupçon dans l'âme de mon frère ; il fit seulement éclater sa galanterie par les regrets qu'il témoigna. Madame d'Erbach saisit ce moment pour remettre sa demande, et Son Altesse promit de l'examiner dans le même jour. Il partit.

La nuit n'était pas encore venue qu'il avait envoyé deux pages pour savoir de mes nouvelles ; chaque message doublait les espérances de ma cousine : elle ne doutait pas que le Prince ne lui fît une réponse favorable, et elle se promettait mieux encore pour la suite. Le lendemain, sur les midi, j'étais dans le grand salon, lorsque j'entendis un bruit extraordinaire dans l'antichambre ; je n'eus pas le temps de me lever pour aller m'enquérir de sa cause ; la porte s'ouvrit, et le Prince parut accompagné de mon frère et du comte de Mansdorf. A cette vue, mon cœur s'abandonna à toute sa faiblesse ; la rougeur dont ma figure fut couverte en un instant passa, aux yeux des indifférens, pour un effet de ma surprise. Son Altesse, plus habile, l'interpréta autrement : elle crut y voir le sentiment qui était pareillement dans son âme ; elle vint à moi, et me saluant avec une grâce infinie .

« Mademoiselle, me dit-elle, conduit par la chasse tout auprès de Waldein, je n'ai pas voulu passer aussi près sans venir d'abord m'informer si vous étiez remise d'une indisposition dont je suis la cause ; et, secondement, je désirais apprendre à madame d'Erbach que, désolé de voir les services rendus à l'état par ses parens mal récompensés, j'avais nommé ses deux fils capitaines dans un des régimens de ma garde. »

Helas ! ces paroles si aimables remplirent trop bien le but que s'était proposé celui qui les avait prononcées ; je fus touchée de cette attention délicate, et madame d'Erbach, heureuse par delà toute expression, ne respira plus que pour prouver sa reconnaissance au Prince. Celui-ci causa dix minutes avec moi, et lorsqu'il fut au moment de prendre congé, il se tourna vers ma parente.

« Madame, lui dit-il, vous avez mis dans votre placet quelques paroles dont je voudrais vous demander l'explication ; » il dit, et tous deux passèrent sur la terrasse voisine du salon. Je ne puis dire pourquoi il s'eleva en mon cœur, dans cet instant, une voix inconnue qui me dit que ce serait de moi qu'il serait question dans cet entretien. Helas! je ne me trompais pas, je ne l'appris que trop bien par la suite. Mon frere, dont l'âme noble etait au-dessus de out ce manége, ne voyait en cela qu'une preuve parfaite de la bonté du Prince, et il s'en applaudissait dans l'interêt de madame d'Erbach. Il m'apprit que sous peu de jours les chasses devaient finir, Son Altesse ayant annoncé son vif desir de revenir à la residence. « On croit, ajouta Rodolphe, qu'il est question d'un second mariage pour lui. Nous le désirerions tous, car enfin il n'a qu'un seul enfant de sa première union, et le prince Henri est encore dans cet âge où un mal léger le peut enlever. »

Mon frère ne se doutait pas de la peine que me faisaient ses paroles; j'aimais déjà: et imprudente, je ne me rappelais pas les menaces de mon père, et en insensée je courais hardiment à ma perte. Le Prince régnant ne rentra point dans la salle; il fit appeler Rodolphe par madame d'Erbach, et ils partirent ensemble. Cette minute fut affreuse, je crus que je ne le reverrais plus. Ma cousine, qui devina mon émotion, ne me laissa pas long-temps dans cette incertitude; dès que nous fûmes seules, elle approcha son fauteuil du mien :

« Que me donnerez-vous, me dit-elle, si je vous confie les secrets déposés dans mon sein par le Prince? » — « Je me garderai bien, lui dis-je, de vous faire aucune offre, car je ne suis pas curieuse de savoir ce qu'on n'a pas voulu m'apprendre. » Je parlais ainsi, etant bien assurée de deviner le sujet principal de la conversation qui avait eu lieu : j'appréciais madame d'Erbach, je connaissais ses qualités, mais j'avais en même temps la certitude qu'elle etait femme à tout faire pour avancer la foitune de ses fils. Ma réponse la surprit ; elle y répliqua en ces termes :

« Ou vous êtes bien indifférente, ou vous êtes plus encore dissimulée. Vous ne montrez aucune envie de savoir ce que mille autres me conjureraient de leur révéler; vous avez peut-être vos raisons pour le faire, mais moi je veux, à mon tour, vous obliger malgré vous.

» Ce n'est point pour éclaircir l'obscurité de

mon placet que Son Altesse a eu avec moi la conversation de tantôt, mais pour m'exprimer tout ce que son cœur éprouve pour votre personne. Oui, ma chère enfant, vous pouvez en être convaincue, il brûle pour vous d'une tendresse aussi vive qu'elle est respectueuse. »

— « Arrêtez, Madame, m'écriai-je, et laissez-moi vous montrer combien il vous a surprise : tandis qu'il était avec vous, mon frère m'a appris qu'il lui avait avoué ce matin même son désir de revenir à la résidence, où l'on traite d'un nouveau mariage avec je ne sais quelle princesse souveraine. » — « Est-ce là tout? me répliqua froidement madame d'Erbach ; si vous ne m'aviez pas interrompue, j'allais vous dire que Son Altesse, pour tromper le comte Rodolphe dont il redoute la sévère perspicacité, lui a fait cette fausse confidence qui n'a aucun fondement. Du reste, le Prince demande à vous parler à vous-même, et je lui ai promis de vous décider à le revoir. »

— « Voilà, dis-je encore, une promesse

que vous avez faite bien légèrement. Irai-je, oubliant tous mes devoirs, entretenir en secret celui qui ne peut être mon époux? Votre zèle, Madame, vous entraîne trop loin, et d'ailleurs à quels dangers ne m'exposerait pas une demarche autant inconsiderée? Comment pourrai-je le voir sans eveiller les soupçons, ce Prince qui, abusant de son titre, voudrait m'entraîner à ma perte absolue? »

— « Il m'a dit encore qu'il se chargeait de trouver le moyen de se rapprocher de vous, sans que personne pût le trouver étrange. Nous le verrons, prétend-il, dans le plus bref delai possible et d'une manière qui nous surprendra. Mais, ma chère Amélie, me dit-elle, ne réfléchirez-vous pas à la gloire qui vous attend, à l'éclat qui en rejaillira sur tous les vôtres? » — « Un mariage clandestin ou mariage de la main gauche, voilà tout ce que je puis espérer; et mon père y consentira-t-il jamais? ne vous en flattez pas, Madame, et ne croyez point que je me décide à encourir sa malédiction. »

Ma résistance ne découragea point madame d'Erbach. Le Prince lui avait promis un brevet de colonel pour chacun de ses fils, et je devais être vendue par cela seul qu'on prétendait m'acheter. Hélas! Monseigneur, je l'avoue à ma honte, les qualités brillantes de votre père, l'éclat qui environne le Souverain, sa passion qui me semblait aussi impétueuse que soudaine, tout se réunissait pour m'éblouir, et mon cœur se défendait faiblement contre les attaques opiniâtres de ma cousine; elle n'eut pas de difficulté à reconnaître à quel point il serait aisé de me surprendre, et elle redoubla ses ruses, ses insinuations, et tout ce que l'adresse et son amitié pour ses fils lui suggérèrent contre moi.

Deux jours se passèrent dans ces combats intérieurs; je me croyais oubliée du Prince: il n'avait pas donné signe de vie, et madame d'Erbach en concevait elle-même quelque inquiétude, lorsque tout à coup nous voyons paraître mon frère; son visage était décomposé. « Amélie, me dit-il, il vient d'arriver un accident au Prince : son cheval s'est abattu et l'a renversé par terre, en le blessant grièvement à la jambe. »

Ici, s'apercevant que je pâlissais, Rodolphe ajouta : « Son chirurgien et son premier valet de chambre, qui étaient seuls quand ce malheur est survenu, prétendent que la blessure est douloureuse, mais qu'il n'y a ni fracture ni danger ; il sera seulement contraint à garder la chambre ; on l'amène au château ; il a fait sa chute à deux cents toises de Waldein, et j'ai eu à vaincre toute sa résistance pour le faire transporter dans notre demeure · il redoutait de vous gêner. Hâtez-vous de faire préparer son appartement, je vais aller le recevoir. » Rodolphe sortit, et je restai immobile à ma place. « Eh bien ! me dit madame d'Erbach, nous a-t-il trompés ? » — « Comment ? vous croiriez... » — « Qu'il n'est pas plus malade que vous et moi : ceci est une ruse, sa blessure est au cœur » Ces mots me rassurèrent, et je retrouvai mes esprits.

CHAPITRE XLI.

> Rien d'un ambitieux ne rebute le cœur
> Son repos et ses amis mêmes
> Sont des biens qu'il immole au soin de sa grandeur.
> Mme DESHOULIÈRE

Quand le Prince parut, et que je le vis pâle et souffrant, je ne me souvins plus des conjectures de madame d'Erbach, et, de nouveau, je me livrai à toutes les terreurs de la tendresse alarmée, et ma physionomie lui peignit les inquiétudes qui dévoraient mon cœur. « Combien j'aime, me dit-il, Mademoiselle, l'émotion que je vois en vous ; j'apprécie tout ce qu'elle a de flatteur ; mais rassurez-vous, je vous en conjure, ma chute a été peu dangereuse ; du repos et du temps, voilà tout ce qu'il me faut. »

Ma réponse lui témoigna mon chagrin, et l'altération de ma voix lui enseigna la part que prenait mon cœur à cet accident funeste. Son chirurgien, d'un ton capable, engagea le Prince à hâter les complimens, sous prétexte de vouloir le panser à l'heure même. Alors je me retirai dans ma chambre, et on le porta dans son appartement.

« Pouvez-vous croire, dis-je à ma cousine, quand nous fûmes seules, que sa blessure soit feinte ? Ah ! je redoute avec juste raison que son mal ne soit que trop réel. » — « Je ne le pense pas, me dit-elle ; je persiste dans mon opinion ; au reste, que vous importe, dès lors que la tendresse que vous voue ce souverain aimable, est un objet d'indifférence pour vous ? »

Je me gardai bien de répondre à ces insidieuses paroles ; mais hélas ! mon silence et mon oppression ne montraient que trop le véritable état de mon âme. Au bout d'une heure, le premier valet de chambre du Prince vint chez moi, demanda madame d'Erbach; je sortis pour les laisser parler, et fus au salon rejoindre mon frère et la compagnie peu nombreuse. Son Altesse n'avait voulu amener à Waldein que deux chambellans, deux écuyers et un ministre du culte évangélique, du voisinage, et qui, par hasard, était venu ce jour-là lui rendre ses devoirs, et qu'il avait contraint à le suivre à la chasse dont l'issue lui avait été si fatale.

Je n'écoutais guère la conversation; mes esprits étaient ailleurs; j'étais impatiente de connaître le résultat de la conférence de madame d'Erbach avec l'envoyé du Prince; je ne pouvais douter qu'ils ne s'entretinssent de moi, et, malgré mes vains raisonnemens, ma faiblesse, je l'avoue, éclatait tout entière. Enfin, madame d'Erbach parut; après un instant de conversation, elle chercha à me parler en secret, et me conduisit dans une partie éloignée du salon.

« Que je sois la première, dit-elle, à féliciter Votre Altesse Sérénissime du bonheur qui lui est réservé. Comme je vous l'avais annoncé, l'accident du Prince n'est qu'une ruse ; il est venu ici plein d'amour et du désir de vous le prouver ; il veut vous nommer son épouse, et il vous supplie, soit que vous consentiez à ce que sa passion espère, soit que vous le refusiez, de lui accorder tantôt une entrevue : il vous dira lui-même ses projets ; il n'en fut jamais d'aussi dignes et d'autant honorables. »

A ces mots, je fus prête à m'evanouir, tant mon émotion fut excessive. Je voulais refuser, mais madame d'Erbach ne m'en laissa pas le pouvoir ; elle se separa de moi et s'avança vers le Pasteur qu'elle connaissait, et avec qui elle entama une discussion théologique. J'admirais son sang-froid sans pouvoir le partager. Je ne sais comment il me fut possible de dérober mon trouble à l'œil le plus inattentif; comment surtout il ne fut pas aperçu par mon frère. Qu'il eût été heureux pour moi que Rodolphe eût pu lire au fond de mon cœur ! Il fût venu à mon secours, il m'eût sauvé de moi-même, et je n'eusse peut-être pas versé les larmes amères qui furent la suite de ma desobéissance aux volontés paternelles.

La compagnie se sépara de bonne heure après s'être rendue auparavant dans l'appartement du Prince, qui, à dix heures congédia tout son monde, sous le prétexte qu'il voulait se reposer. Pour moi, demeurée dans ma chambre avec mon mauvais génie, car quel autre titre dois-je donner à madame d'Erbach? je restai en butte à toute la séduction de son adresse, à toute la faiblesse de mon amour : je ne pouvais m'arracher à l'idée dangereuse que j'étais aimée du Prince, et tout en moi me disait qu'il méritait bien d'être chéri à son tour. Il ne cherchait pas à abuser de mon inexpérience; il ne voulait m'appartenir que par les nœuds sacrés du mariage; que pouvais-je demander de plus? Sa conduite n'était-elle pas exempte de tout reproche? Cependant je résistai long-temps à tout ce que put me dire ma parente; mais enfin elle l'emporta, et je consentis à recevoir mon illustre amant. Il y avait dans un cabinet qui touchait ma chambre une etroite galerie qui, par de secrets dégagemens, aboutissait à un petit escalier voisin de l'appartement du Prince ; ce fut par là qu'il s'introduisit. A son aspect, je voulus me lever, mais la chose me fut impossible. Saisie tout à coup par un tremblement convulsif, je retombai sans forces dans mon fauteuil, mes genoux ayant flechi sous moi. « Rassurez-vous, Mademoiselle, me dit Son Altesse en voyant ma violente agitation. C'est à moi a être à vos pieds, et je vous en supplie, ne me montrez pas une terreur qui me glace d'épouvante si elle prend sa naissance dans l'éloignement que je peux vous inspirer. »

Qu'il me jugeait mal ! ou plutôt que son adresse éclatait en ce discours ! Il poursuivit ensuite et me fit entendre le langage de l'amour le plus tendre, le plus sincère, le plus respectueux. Vainement j'essayais de le combattre, vainement je cherchais à m'armer de courage, je fus vaincue, le Prince ayant trouvé dans mon cœur son plus puissant auxiliaire. Lorsque je lui eus fait part des opinions de mon père... « Rassurez-vous sur ce point, me dit-il, nous parviendrons à l'apaiser, en lui accordant par la suite tout ce qu'il pourrait désirer pour l'honneur de sa maison. Les grands événemens dont l'Allemagne et l'Europe sont maintenant le théâtre doivent amener par la suite des changemens nécessaires dans la constitution des états. Je serai le premier à faire tomber une désagréable barrière; et, avant peu, vous jouirez, je vous jure, de toute la plénitude de vos droits d'épouse, et vous serez souveraine de mes sujets comme vous serez celle de votre époux. » Il poursuivit encore sur cette matière, mais à quel point mon agitation ne fut-elle pas augmentée, quand il me proposa de m'unir à lui cette nuit même ! C'était pour parvenir à ce but qu'il s'était fait accompagner d'un Pasteur. Son chirurgien, son valet de chambre devaient être les deux témoins, et il me répondit de la discrétion de ces deux personnages.

Je l'écoutais en frémissant. Le combat que je soutins se termina à mon désavantage; je cédai, car la fortune me faisait courir à ma perte. Toute tremblante, et appuyée sur madame d'Erbach, dont le zèle fatal avait vivement secondé les instances du Prince, je passai dans l'appartement de celui-ci, où le Ministre nous attendait pour commencer la cérémonie. Je ne sais comment elle se fit; je n'étais plus à moi, ma tête était perdue, et mon effroi augmentait chaque minute. Lorsque le Pasteur eut prononcé les paroles sacrées, le Prince tomba à mes genoux. « Je veux, dit-il, être le premier à vous rendre l'hommage qui vous est dû; » son action fut imitée par ma parente et les trois autres assistans : ce moment, je l'avoue, ne fut pas exempt de quelque douceur. Je vis dans la démarche du Prince sa délicatesse et sa loyauté; cependant il voulut me ramener dans ma chambre. Madame d'Erbach nous quitta, et je demeurai seule avec mon époux.

Le lendemain, la rougeur de la confusion était peinte sur ma figure; je redoutais de rencontrer les regards de mon frère, craignant qu'il ne devinât mon secret. Ce fut avec un trouble inexprimable que je me décidai à paraître devant lui; mais Rodolphe, le plus noble des hommes, ne se défiait pas de sa sœur. Mon accablement fut attribué à l'embarras de la visite auguste que nous recevions, et il ne s'occupa point à démêler si la fatigue empreinte sur mes traits était celle de la lassitude ou des angoisses de l'amour.

Durant toute la journée, je cherchais la retraite ; j'avais besoin de me retrouver avec moi-même : mon cœur voulait rêver à son bonheur, à son inquiétant avenir. Je songeais parfois à mon père ; je me représentais son courroux lorsqu'il serait instruit de ma démarche hasardée. Je tremblais à la pensée de le revoir ; je me rappelais que j'etais dans la chambre qu'il avait fait retentir de ses imprécations, en me racontant le mariage disproportionné de sa sœur, et sa haine pour toute union, ou trop basse ou trop relevée. Dans ce moment, mes yeux se portèrent sur son portrait qui était suspendu à la muraille. Je demeurai frappé de l'expression menaçante de sa figure ; ses yeux, par une pénible illusion, me parurent étincelans d'indignation. J'en tremblai, quand tout à coup le portrait, mal attaché sans doute, échappe au clou qui le retenait, et tombe sur le plancher où il se brise.... Mon épouvante fut extrême à la vue de ce présage sinistre, et madame d'Erbach, qui entrait alors, eut beaucoup de peine à me rassurer. Elle m'apportait cependant les expressions de la tendresse de mon époux ; elle venait de le voir, et il lui avait annoncé qu'il donnait l'ordre d'expédier à ses fils les brevets de colonel qu'il leur avait promis : elle me félicita avec effusion sur mon bonheur....

« Mon bonheur, lui dis-je, ah ! gardez-vous d'y croire ! Fiez-vous à mon père du soin de le détruire sans retour. » Vainement essaya-t-elle de rendre le calme à mon âme, elle ne put y parvenir. Je demeurai inquiète toute la journée, et je ne retrouvai un peu de repos qu'à l'heure où mon époux se rendit auprès de moi.

Son chirurgien prolongea de quinze jours l'époque de son départ; et, durant tout ce temps, la passion du Prince ne souffrit aucune altération, et la mienne ne fit que s'accroître; enfin arriva le moment inevitable de la separation. mon époux ni moi, ne pouvions nous y accoutumer. Je ne devais pas quitter Waldein avant le retour de mon père, et le Prince ne se décidait pas à attendre patiemment le moment. Loin de moi, nourri dans les idées d'un pouvoir absolu, il ne partageait pas toutes mes craintes, et se flattait que l'honneur et l'avantage d'une telle alliance déciderait promptement le comte de Waldein à suivre une autre route, et à me pardonner sans effort. D'après cette manière de voir, il forma un projet dont il me cacha l'exécution; il m'assura seulement qu'il allait tout tenter pour effectuer notre réunion prochaine, et s'éloigna me laissant la mort dans le cœur.

Dès que je fus demeurée seule, mon chagrin me reprit avec une nouvelle violence ; il s'augmentait de toute la force de ma tendresse. Je déplorais une séparation qui me faisait verser d'amères larmes, et les soins de madame d'Erbach ne pouvaient les arrêter. Elle seule était heureuse : la fortune de ses fils était assurée, mon époux lui avait fait don d'une terre très-belle, et s'était engagé à la nommer ma dame d'honneur, quand mon mariage serait publiquement reconnu. C'en était assez pour elle, et ce n'était rien pour moi : mon père m'occupait seul, et je faisais d'inutiles efforts pour le chasser de ma pensée. Chaque jour je recevais une lettre du Prince, chaque jour il en partait une du château pour lui ; nous avions adroitement trouvé un moyen de correspondre ensemble : j'étais heureuse autant que l'on peut l'être. Sur ces entrefaites, mon frère m'apprit que le Prince, l'investissant de toute sa confiance, venait de le nommer son premier ministre ; j'en fus charmée : mon cœur vit dans ce choix la preuve de la sincérité de mon époux.

Un mois cependant s'était écoulé depuis son départ, et je ne voyais pas encore le moment où nous nous reunirions. Ma santé commençait à se déranger ; je n'en prévoyais pas la cause. Madame d'Erbach, qui devait demeurer avec moi jusqu'au retour de mon père, reçut inopinement la nouvelle que l'aîné de ses fils s'était battu en duel avec un officier jaloux du passe-droit qu'on avait fait en faveur de mon cousin, qu'il était dangereusement blessé, et qu'on désespérait pour sa vie. En lisant cette lettre fatale, le courage de ma parente l'abandonna. Je fus la première à l'engager à voler auprès de son malheureux enfant ; elle y était decidee, et peu d'heures après elle avait quitté le château, punie ainsi déjà de l'action qu'elle m'avait fait faire en dépit de mon devoir. Par son éloignement, je me trouvai seule, et je n'en fus pas fâchée : la solitude convenait à ma situation ; elle m'offrait des charmes ; rien alors ne me distrayait de mon époux.

CHAPITRE XLII.

◊

*O faciles dare summa deos, eademque tueri
Difficiles?*   LUCIEN, *Phar*, ch 1
O qu'aisement les dieux nous elevent au comble du bonheur, et que difficilement ils nous y soutiennent!

◊

QUELQUES jours se passèrent encore ; il en vint un où l'heure accoutumée ne m'apporta pas la lettre que j'attendais. Une effroyable tempête affligeait la nature ; les vents, la pluie et la foudre se disputaient à qui effraierait le plus les mortels. Je jugeai que ce bouleversement de la nature avait retardé le courrier ; et, l'âme remplie de mélancoliques idées, je montai dans ma chambre de bonne heure, et je me plus à rester seule. Le bruit de l'orage qui venait frapper mes fenêtres et la nuit ajoutaient encore une teinte plus lugubre à mes pensées. J'étais dans une espèce d'anéantisse-

-ment dont je ne pouvais me rendre compte, lorsque j'entendis ouvrir assez brusquement la porte du salon qui précédait ma chambre : je ne doutais pas à l'empressement qu'on mettait à accourir que ce ne fût la lettre si impatiemment attendue. Je me levai pour la recevoir ; la porte s'ouvre,.... je regarde,.... un cri m'échappe,.... c'était mon père !

A sa vue, mes forces m'abandonnèrent, et je me laissai tomber évanouie sur le plancher. Quand je revins à moi, je me trouvai dans mon lit, environnée de mes femmes. Je crus avoir fait un songe pénible, et cependant je jetai en frissonnant un coup d'œil inquiet autour de moi ; je n'aperçus pas l'objet de mon épouvante ; je ne doutai plus alors de mon erreur ; mais on ne me laissa pas long-temps dans cette incertitude : j'appris que mon père, arrivé sans être attendu, avait voulu me surprendre, mais que, voyant l'effet que sa visite imprévue avait produit sur moi, il s'était retiré dans son appartement, après avoir appelé du secours. On termina par me dire qu'il remettait au lendemain le plaisir de m'embrasser.

Cette apparition extraordinaire du comte de Waldein, qui avait quitté son ambassade sans que j'en fusse prévenue, me livra à d'etranges terreurs. Je ne doutai pas un seul moment qu'il ne fût instruit de mon mariage, et je me rappelai le courroux qui eclatait sur son visage lorsqu'il était entré dans ma chambre. On croira sans peine que je dus passer une mauvaise nuit. La lettre de mon époux n'était pas arrivée. Tout se réunissait pour me désespérer ; cependant, malgré mes souffrances cruelles, le jour me parut hâtif à se lever : j'eusse voulu, aux dépens d'une partie de mon existence, retarder le moment qui me mettrait en présence de mon père. Helas, plus que jamais je redoutais son inflexible sevérite; mais il fallut me lever, et peu après le valet de chambre du Comte vint me prévenir que son maître m'attendait.

Je rassemblai tout mon courage pour

obéir à cet ordre; je me traînai en tremblant où m'attendait mon père. Ah! combien alors son aspect devait m'intimider davantage ! J'entrai dans sa chambre, et il me lança un coup d'œil foudroyant; j'allais pourtant vers lui pour l'embrasser, mais il me repoussa avec violence. « Arrêtez, s'écria-t-il, êtes-vous digne encore que je vous presse dans mes bras? » Puis, s'apercevant que je fléchissais sous le poids de mon corps. « Asseyez-vous, me dit-il, et n'allez pas renouveler la scene théâtrale d'hier au soir. »—« Mon père!.. » lui dis-je.

—« Je ne suis pas votre père; vous m'avez renié · je suis votre juge; prenez place et écoutez-moi. Vous ai-je jamais laissé en doute sur mon opinion personnelle? Ignoriez-vous comment je regardais une faiblesse ? Et ne vous avais-je pas annoncé que j'avais disposé de votre main? Pourquoi pleurez-vous, quand il s agit de me répondre? des larmes répareront-elles le mal que vous m'avez fait ? Il fallait les verser avant votre desobeissance; maintenant elles ne serviront qu'à m'irriter. Répondez-moi, vous dis-je, y a-t-il eu jamais d'obscurité dans mes discours ? » — « Grâce, mon père ! m'écriai-je, grâce, je vous en supplie ! mon crime n'a d'espérance qu'en votre bonté ! »

—« Taisez-vous ; ce n'est pas à moi que vous avez fait injure ; vous avez outragé une famille jusqu'ici sans tache, vous avez achevé la ruine que ma coupable sœur avait commencée. Quoi ! au mépris de mes conseils, de mon pouvoir de père, vous avez consenti à devenir la concubine de votre souverain ; vous avez imprimé cette tache odieuse sur mon nom, exempt encore de toute honte; insensée ! espériez-vous fléchir ma juste indignation ? Vous flattiez-vous que je pourrais devenir un jour le complaisant de votre flamme odieuse ? J'étais tranquille à la cour de France ; je ne m'occupais que des intérêts de mon pays, lorsqu'une lettre de votre séducteur est venu m'arracher à ma sécurité : il m'a appris ce qu'il appelle votre hymen, et certes, si j'étais un homme ordinaire, j'eusse pu me réjouir des avantages qu'il me proposait ; il me commandait enfin d'accourir au plus vite, donner, par ma présence, ma sanction à votre union. Frappé d'un coup de foudre en apprenant cette nouvelle funeste ; apprenant aussi toute l'humiliation qui allait en rejaillir sur moi, j'ai repoussé des offres odieuses ; mais je suis parti, non pour me rendre auprès de mon souverain : ce n'est pas que ma colère se soit élevée contre lui ; je connais son cœur, je l'apprécie. Il a cru m'honorer par ce détestable hymen, et son intention n'a pas été de déshonorer ma famille ; mais il ne lui était non plus donné de me connaître, d'apprecier mes véritables sentimens. Il ne savait pas qu'une alliance avec lui m'était détestable, et que je n'y donnerais jamais mon consentement. Si telles sont mes pensées à son egard, elles sont bien differentes au vôtre ; vous qui m'avez sciemment désobei, vous qui, instruite de mon opinion, l'avez outragée, c'est à vous à qui je ne pardonnerai jamais, et sur qui retentira jusqu'à votre dernière heure la malédiction que je vais prononcer. »

— « Arrêtez, mon père! m'écriai-je en me précipitant à ses pieds ; au nom du ciel qui nous écoute, ne me dévouez pas à son éternelle vengeance! Je suis coupable, je le suis, et je m'abandonne à tout l'effet de votre juste courroux ; punissez-moi, j'y consens, mais ne forcez pas la Divinité à intervenir dans votre querelle. Helas! voudriez-vous empoisonner vos derniers jours par le tableau de ma réprobation éternelle?»

— « Mes jours, reprit-il avec un calme morne et qui ajouta à mon epouvante, mes jours sont comptés. Je ne sortirai pas vivant de cette enceinte. »

— « Que me dites-vous ? » — « La vérité. Quand j'aurai vengé par ma malédiction la cause des pères, je ne veux plus m'exposer à l'affront d'être témoin de mon deshonneur. Ma mort est certaine, et ce nouveau crime ajoutera aux tourmens de la conscience de ma criminelle fille.» — « Grand Dieu! m'écriai-je avec plus de force et en continuant d'embrasser ses genoux, auriez-vous ce barbare courage ? Votre haine pour moi ira-t-elle jusque-là ? » — « En doutez-vous ? » Il dit, et un mouvement rapide qui lui échappe me fait craindre qu'il ne veuille effectuer son abominable dessein ; je me précipite tout éperdue sur son épée, je la lui arrache et la jette loin de moi.

« Vivez, lui dis-je, promettez-moi de vivre, et je consens à tout ce que vous pourrez m'ordonner ; je renoncerai à mon amour, au monde ou à la vie, si vous l'exigez encore. » Mon action, mes paroles allèrent jusqu'au cœur du Comte ; il posa ses mains sur son visage, et parut réfléchir. J'attendais avec anxiété sa réponse, non que j'espérasse mon pardon ; je connaissais trop bien l'inflexibilité de son âme, mais je voulais avoir la certitude qu'il n'attenterait pas à ses jours, et c'était alors la seule pensée qui m'occupait.

« Amélie, me dit-il enfin, vous avez commis une grande faute ; il n'en est point cependant que le repentir ne puisse expier. Vous avez compromis l'honneur de ma famille, vous avez exposé mon existence puisque je suis décidé à me la ravir si vous ne vous rendez à mes souhaits : vos torts sont immenses ; une seule résignation bien complète peut vous rendre à la vertu, peut me sauver de mon désespoir. Je jure par le fer que vous m'avez enlevé, et dont je saurai bien retrouver le secours, que si vous ne m'obéissez de point en point, ma mort sera assurée, et votre main aura conduit le coup. Je veux que dès demain, ou plutôt dans la nuit prochaine, vous abandonniez avec moi le château : nous passerons ensemble dans un pays étranger ; et là, cachée sous un nom supposé, vous ne ferez aucune démarche pour rejoindre celui qui vous a séduite, vous renoncerez à toute idée de rapprochement avec lui : je sais que je ne pourrais y mettre des obstacles, mais frémissez à la pensée de mon désespoir, si vous trahissez le serment que j'exige de vous. »

Quelque dure que fût la condition que me dictait mon père, elle ne me surprit pas.

Je savais bien, par avance, qu'il me demanderait la rupture de mon mariage, et telle était sa puissance sur moi, que je ne songeai plus dès lors qu'à lui obéir : d'ailleurs je ne me doutais pas que je portasse dans mon sein un gage de la tendresse de mon époux, et ne croyant sacrifier que moi seule, ce sacrifice me parut moins amer. Exaltée, d'ailleurs, par la vue de l'epée vers laquelle mon père portait toujours ses regards, je fis avec desespoir le serment qu'il voulait, et je consommai ainsi irrevocablement mon malheur. Après cet effort extraordinaire, ma faiblesse reprit le dessus, et je perdis de nouveau connaissance. En reprenant mes sens, je me trouvai, non plus confiée à mes femmes, mais dans les bras de mon père. Pour la première fois, la bienveillance se peignait dans son impassible figure, et je vis que j'avais reconquis sa tendresse : elle me coûtait cher ; je l'avais acquise au prix de tout le bonheur de mon existence future.

Le Comte me parla avec bonté, me fit

envisager l'impossibilité où le Prince se trouverait lui-même de faire reconnaître mon mariage; je devais regarder ce qui s'était passé comme un rêve pénible, appeler à mon secours ma vertu et toute la fierté de ma maison. Il ne me quitta pas de tout le reste de la journée, et, quand la nuit fut venue, il me porta plutôt que je marchai vers une chaise de poste où il entra avec moi. Il me permit de prendre l'acte de célébration de mon mariage, les lettres de mon époux, et le portrait que ce dernier m'avait donné le lendemain de notre union. Je ne vous peindrai pas, Monseigneur, l'état affreux dans lequel je demeurai plongée tout le temps de notre voyage: je ne tenais plus à la vie ; je n'expirais pas encore; j'étais anéantie ; je n'existais que pour avoir le sentiment de la douleur. Enfin nous arrivâmes à Dresde : ce fut là que le Comte fixa ma demeure. Il acheta pour moi une maison, plaça une forte somme à mon profit sur un riche banquier de Brême, et puis me quitta, non sans exiger que je renouvelasse mon serment, et en me réitérant l'assurance d'attenter à ses jours, si j'avais le malheur d'enfreindre ma promesse.

Dès que je fus seule, je tombai dans les dangers d'une longue maladie, et j'espérai qu'elle amènerait la fin de mes maux. Hélas ! ils ne faisaient que de naître : je m'aperçus que je devais être mère, et alors je déplorai le sort de mon enfant. Malgré la défense que mon père m'avait faite de lui écrire, je crus devoir lui apprendre cet événement, me flattant encore de le fléchir par ce moyen. Il ne me répondit pas, mais il vint lui-même; il amena le Pasteur qui m'avait unie à votre père. Je fus charmée de le revoir ; j'espérais qu'il apporterait un adoucissement à mon sort. Combien je me trompai ! Il ne me dissimula pas que, lié à mon père par un serment sacré, il ne trahirait pas sa confiance : d'ailleurs il me laissa entrevoir que mon époux, emporté par la fougue de son âge, m'avait presque oubliée, et que faiblement il avait cherché à connaître mon sort. Ce coup me fut le plus rude ; j'en demeurai anéantie, et ne songeai plus qu'à Dieu, jusqu'alors oublié. Le moment de ma délivrance arriva.

Je mis au monde une fille triste et malheureuse, destinée à cacher dans la retraite son destin, qui eût dû être brillant. Elle est la sœur légitime de Votre Altesse, et c'est pour elle seule que je vous implore aujourd'hui. Elle fut baptisée sous le nom de son père et le mien ; je voulus qu'elle reçut le nom d'Adèle: il avait été porté par ma mère. Lorsque je fus remise, le Comte partit, et depuis lors je ne le revis plus : il me cacha toujours les détails de son entrevue avec le Prince, et comment il lui avait raconté ma fuite ; je n'avais pas osé lui en demander le récit.

Dès ce moment, je pris le monde en horreur. Accablée par une noire misanthropie, j'oubliai ma famille ; je ne voulus plus penser à mon ingrat époux ; toutes mes affections se réunirent sur ma fille : elle seule put quelquefois me faire oublier mes douloureux chagrins. Mon père cessa entière-

4.

ment de me donner de ses nouvelles : il n'enseigna sans doute pas à mon frère le lieu de mon exil ; car jamais je n'y fus visitée par un de mes proches, et ma solitude augmenta ma mélancolie. Je n'appris même la mort du comte de Waldein que plusieurs années après qu'elle eut lieu. J'étais alors dégagée de mes sermens, mais je ne me souciais plus de reparaître dans le monde ; tous mes désirs se bornaient à élever ma fille dans la plus profonde obscurité, à ne lui apprendre que le plus tard possible le secret de sa naissance, afin de ne pas faire naître en elle de pensées présomptueuses. «Elle sera, me disais-je, plus heureuse que sa mère, si elle échappe à cet eclat dont je fus trop environnée.» J'esperais, à ma mort, lui laisser une fortune suffisante à de modestes désirs. Hélas ! cette dernière esperance devait m'être ravie, comme toutes les autres !

Le mois dernier, l'avocat chargé de toucher à Brême mon revenu, m'apprit la banqueroute totale de la maison sur laquelle mes fonds étaient placés; il ne me restait plus dès lors qu'une pénible indigence. Je savais que mon époux avait payé également son dernier tribut à la nature; j'étais donc sans appui, car j'ignorais si mon frère existait encore, m'étant fait une loi impérieuse de ne jamais m'informer de ma famille, dont, avec raison, je me crois abandonnée. Dans cette déplorable situation, et poussée par la crainte de laisser ma fille, votre sœur, dans une misère absolue, sentant à l'épuisement de mes forces que j'approche du terme de ma carrière, instruite du noble caractère de Votre Altesse, je n'ai pas balancé à venir auprès d'elle lui faire le récit de mes malheurs : elle trouvera dans cette cassette les preuves de ce que j'avance, si, d'ailleurs, il n'en est pas resté de traces dans les papiers de son père. Je ne vous demande rien pour moi, je n'aurai bientôt plus besoin de secours; mais je vous supplie de songer à votre sœur, et d'avoir pour elle la bonté, la tendresse qu'elle était en droit d'attendre de l'auteur de ses jours, que vous représentez.

CHAPITRE XLIII.

Est-ce lui ! ne me trompais je point ! c'est la vertu qui revient dans les bras de l'amitié

Comédie manuscrite

Léopold termina la lecture des Mémoires de madame Meisberg, qui, sous ce nom, avait caché son illustre naissance, et plusieurs fois le Comte l'interrompit par ses sanglots douloureux. Il garda quelque temps un morne silence; puis à son tour, prenant la parole : « J'étais loin de m'attendre à obtenir jamais des lumières sur le sort de cette sœur infortunée. Hélas! mon enfant, que mon père nous a coûté de larmes! Sa sévérité excessive, une susceptibilité poussée trop loin sur l'honneur de sa maison, nous a rendus malheureux durant toute sa vie, et il n'est aucun de nous qui n'eût un reproche à lui faire. Je dois, pour satisfaire ta juste curiosité, t'apprendre que mon père me cacha soigneusement sa conduite envers ma sœur : nous ignorâmes tous ce qu'elle était devenue, et cette histoire douloureuse fut ensevelie dans son cœur.

Nous sûmes bien qu'il était parti avec Amélie; nous nous doutâmes qu'une aventure d'amour avait nécessité une rigueur extraordinaire, mais nul d'entre nous n'osa approfondir ce qui s'était passé, dans la crainte d'acquérir la conviction d'une catastrophe épouvantable. Le Prince, de son côté, ne me parla jamais de cette affaire. A peine fut-il permis d'avoir des doutes, et je te confesse que je ne cessai de regretter ma sœur. Mon père, frappé d'apoplexie, mourut en emportant son funeste secret. Helas! sans toi, il me serait inconnu encore, et ma nièce malheureuse mangerait un pain de douleur, peut-être à la porte du palais de son frère! Certes cela ne sera pas; je ne pense point qu'il soit maintenant un ravisseur assez hardi pour la retenir, et j'ose croire qu'en apprenant le secret de sa naissance, on se hâtera de la remettre dans nos mains. Cependant, je te réitère l'ordre de te rendre chez son Altesse; je vais lui écrire, tu porteras toi-même ma lettre et la cassette. »

Léopold n'était guère content de cette conclusion; il lui en coûtait pour se présenter devant Henri, et il ne se souciait pas de lui laisser croire qu'il était avide de cette faveur qu'il avait refusée anciennement. Neanmoins, il vit bien que ses refus étaient inutiles, et il se décida à obéir. Dirons-nous ce qui aida à vaincre cette âme indépendante, ce fut le refus de la Comtesse de le recevoir dorénavant; il ne pensait pas que Louise pût y entrer pour quelque chose, et il espérait, en allant chez le Prince, parvenir peut-être à la voir. Waldein, charmé de son apparente docilité, écrivit une assez longue lettre, et comme l'heure où l'on pouvait être introduit était passée, il lui recommanda d'annoncer au chambellan de service qu'il venait de la part du premier

Ministre. Léopold promit de se conformer à ces avis ; il allait partir : « Non, dit le Comte, vous ne pouvez pas aller à pied ; il vous faut prendre une de mes voitures. » Ce nouveau cérémonial surprit le jeune homme, mais il ne s'y refusa pas : peu lui importait de quelle manière il arriverait chez le Prince ; l'essentiel était de se décider à s'y montrer. Il prit le dépôt précieux et se rendit au lieu où le Comte lui commandait d'aller le représenter. Il traversa facilement les premières salles avec le nom du Ministre, et enfin, parvint dans la pièce qui précédait le cabinet du Prince. Un chambellan tout chamarré de broderies y était, et tournait le dos à ceux qui entraient. Léopold, ne voyant là que lui, s'approcha de ce personnage.

« Monsieur, dit-il, je viens de la part du premier Ministre, et je demande à parler au Prince. » Le chambellan s'était retourné, et en voyant celui qui lui exprimait le désir d'aborder son Altesse, il recula de deux pas, et toute sa personne exprima un étonnement désagréable. C'était le comte Ernest de Mansdorf, et il avait reconnu Léopold. Cherchant cependant à déguiser sa surprise et à feindre de croire qu'il causait avec un inconnu, il répondit froidement :

« L'heure des audiences est passée et nul ne peut être reçu en ce moment. » Reich, de son côté, avait remis la figure d'Ernest; peu empressé cependant de renouveler connaissance avec lui, il attendait que le Chambellan fît les premières avances, et, voyant par sa réplique qu'il n'en avait point envie, il ne s'en occupa nullement ; mais avec plus de plaisir il insista à parvenir auprès du Prince, croyant remarquer que le comte de Mansdorf éprouvait une médiocre joie de le revoir. « Monsieur, dit Léopold, je ne viens pas ici pour mes affaires ; je n'y suis amené que par un motif qui doit intéresser le Prince et par ordre du premier Ministre ; je ne sortirai pas sans avoir reçu une réponse positive. » — « Mais, Monsieur, quel motif si pressant peut vous engager à forcer l'ordre que le Prince m'a donné. » — « Monsieur, répliqua Léopold, je ne pense point que les secrets de votre Maître soient les vôtres, ni que vous espériez de me porter à vous les confier ; je vous répète seulement qu'ils sont d'une telle importance que je veux absolument lui parler, à moins qu'il ne s'y refuse lui-même. »

Tandis que Léopold s'exprimait avec cette fermeté, un Chambellan de service entra dans la salle, et, ayant entendu ce qui venait d'être dit, demanda à Ernest s'il ne fallait pas aller prendre les ordres du Prince. « Faites comme vous voudrez, repartit Mansdorf ; le Prince m'a défendu de laisser entrer personne, je me lave les mains de ce qui arrivera. » — « Mais, répondit le Chambellan, un tel ordre n'a jamais atteint les messagers du premier Ministre, » et en disant ainsi, il passa chez le Souverain. Peu d'instans après il revint et apporta à Léopold l'autorisation nécessaire pour être introduit sur-le-champ. Ernest tressaillit en entendant cet ordre ; et

Reich marcha sur les pas du Chambellan de service, qui, l'ayant conduit chez le Prince, se retira aussitôt.

Les bougies dont le cabinet était garni ne projetaient que faiblement leur lumière sur Léopold, tandis qu'elles éclairaient la figure d'Henri, et son ancien ami éprouva un désir extrême de voler dans ses bras. Il se contint pourtant en s'apercevant qu'il n'était pas reconnu à son tour. « Vous venez de la part du comte de Waldein, dit l'Altesse : qu'a-t-il de si pressant à me mander? »

Léopold, s'inclinant sans rien dire, remit la lettre du premier Ministre, et posa le coffre sur une table. Henri prit la missive et se mit à la lire attentivement. Deux ou trois exclamations lui échappèrent, puis s'interrompant : « Le Comte me dit que je vous ai rencontré autrefois dans mes voyages; la chose me serait d'autant plus agréable, que j'acquiers la preuve d'un service important rendu par vous à ma maison. »

— « Je n'ai pas oublié, reprit Léopold,

les époques passées ; elles se sont cruellement gravées dans mon cœur. » — « Ciel ! s'écria le Prince, quel son de voix viens-je d'entendre ? Ce n'est pas la première fois qu'il a frappé mon oreille ; mais non, je ne me trompe point, ces nobles traits, cette mâle stature, ce regard assuré.... Léopold ! cher Léopold ! est-ce toi que je revois ? » — « Oui, Prince, c'est moi, c'est votre sujet Reich, qui vient vous rendre son hommage, d'après l'ordre qu'il en a reçu du Ministre, son protecteur. »

— « Léopold, que parles-tu du Prince ? Pourquoi ne me nommerais-tu pas mon ami ? Ingrat, oses-tu me dire que, pour venir à moi, il t'a fallu un ordre de Waldein ? » — « Ne m'avez-vous pas repoussé dans les ruines du Colisée ? » — « Ah ! faut-il jamais faire rougir le cœur d'un ami ! Que le passé s'oublie ! Je veux te convaincre qu'une erreur peut être excusée. Tu m'avais promis de me chérir jusqu'au tombeau ! je réclame aujourd'hui l'exécution de cette promesse ; ton amitié m'est nécessaire, et tu ne saurais quel besoin j'ai de trouver enfin un homme, moi qui n'ai dans mon palais que des courtisans. Je te disputerai au Comte, quels que soient ses droits sur toi, dont tu ne soupçonnes pas toute l'étendue ; mais je ne puis t'en apprendre davantage : il se réserve de te dire son secret. En attendant viens dans mes bras, et dis-moi : « Henri, je t'aime, et je t'ai tout pardonné. »

Léopold aurait eu une âme de bronze, si de telles paroles ne l'eussent pas ému. Touché jusqu'aux larmes d'une réception pareille, heureux de rencontrer tant de franchise et de grâce dans un Souverain, il serra Henri sur son sein, et lui dit avec l'effusion du sentiment : « Oui, je suis ton ami pour la vie, et que le passé n'existe plus pour nous. » Le Prince, transporté de la réponse, lui en témoigna plus vivement sa joie. « Mon frère, lui dit-il, quel rang veux-tu occuper ? Parle, tu peux disposer de tout ce que je possède. » — « Il en est un, reprit Léopold en souriant, que j'ambitionne avant tous les autres, c'est celui qui me donnera la première place dans ton cœur. Quant aux charges de ta cour, laisse-les à des amateurs qui les apprécient, et, pour sanctifier notre amitié, souffre que je conserve mon indépendance.»

— « Il en sera ce que tu voudras, mais au moins tu ne refuseras pas cette marque de mon estime : elle ne t'obligera qu'à m'aimer un peu plus. » En parlant ainsi, l'Altesse tire le cordon de son ordre, qu'il portait, et le passe au cou de Léopold : «Voilà pourtant une chaîne,» dit celui-ci.

— « Est-ce que l'amitié ne peut pas en imposer ? » A la suite de ce propos, le Prince continua à combler Léopold. Il voulait entamer avec lui l'histoire de sa vie passée ; mais ayant jeté les yeux sur la cassette apportée par Reich, elle lui rappela la lettre du Comte. « A propos, dit-il, le Ministre m'annonce que tu as un secret à me faire savoir, un secret qui intéresse ma famille; ce mystère serait-il renfermé dans ce coffre ? »

Léopold, alors prenant la parole, raconta l'histoire de madame Meisberg, et finit par mettre sous les yeux du Prince les papiers qui en établissaient la réalité. Lorsqu'il eut fini, Henri lui dit : « Tu ne viens pas à moi les mains vides ; j'étais sans famille, et tu me donnes une sœur. Je connaissais son existence, mon père m'en avait instruit ; mais il n'avait jamais pu tirer du vieux comte de Waldein la révélation du lieu où existait sa malheureuse épouse. Avant de mourrir, le Prince mon père me remit le double des actes que tu m'as apporté, me recommandant, si le destin me facilitait la rencontre de ces deux infortunées, de les traiter selon leur rang et leur rapport avec moi, mais de ne rien dire au comte de Waldein, aujourd'hui vivant, qui pût lui faire connaître ce qui se passait, à moins qu'il ne m'en parlât le premier. Je dois même ajouter que la vie de mon père a dû sa fin aux remords qu'il éprouvait d'avoir mis de la négligence à forcer le vieux Comte à lui rendre son épouse légitime. Tu vois donc, Léopold, que je suis loin de repousser cette sœur, que j'apprendrai à aimer dès que je pourrai la connaître. Combien ma reconnaissance est grande pour la généreuse conduite que tu as tenue à son égard! Je te reconnais, du reste, à ces nobles traits: une âme comme la tienne est susceptible des plus admirables sentimens. Mais où la trouverons-nous, cette fille malheureuse, que poursuit sa mauvaise fortune? Qui a osé se servir de mon nom pour l'enlever? C'est ce dont je ne puis me rendre compte. Je connais Sebendal; il me paraît étrange que son âme, belle comme celle de mon Léopold, se soit souillée d'un tel crime; cependant il aimait Adèle, son déguisement le prouve, sa disparition soudaine dépose contre lui; il est impossible que sa mère ne sache point où l'on pourrait le rencontrer : je me charge de tirer d'elle la lumière nécessaire à nous éclaircir ces obscurités, et assurément, ou je ne serais plus prince, ou ma sœur ne tardera pas à nous être rendue. »

Ainsi parla Henri, et Léopold l'encouragea dans ses généreuses résolutions. Le Prince ensuite, changeant de conversation, et du ton d'un homme un peu embarrassé, dit à son ami : « Tu rencontreras ici deux de tes anciennes connaissances : l'une est la marquise Albini ; je compte assez sur toi pour avoir la certitude que tu ne diras pas à ma cour ce qu'elle fut autrefois ; l'autre est mon grand-chambellan Ernest, mon compagnon de voyage ; je présume qu'il sera charmé de te voir. »

Léopold eût pu lui donner la preuve du contraire, mais il n'en parla pas, et le Prince fit appeler Mansdorf. Celui-ci, pendant cette longue conférence, qui avait duré deux heures, n'avait pas osé se retirer du premier salon : il attendait avec anxiété la sortie de Léopold, redoutant, avec juste raison, que celui-ci ne reprît sur le Prince son ancien ascendant, d'autant plus solide qu'il devait être fondé sur la vertu et la franche amitié ; enfin, il reçut l'ordre d'entrer. « Ernest, lui dit son Maître, reconnaissez-vous ce jeune seigneur ? » — « Non, Altesse, je ne puis remettre sa figure ; mais je juge de son rang à la haute preuve de faveur qu'il a reçue de vous, » dit le Chambellan, en montrant la décoration du Prince que Léopold portait.

— « Eh bien ! reprit Henri, j'ai eu de meilleurs yeux que les vôtres ; mon cœur, mes regards m'ont appris que Léopold Reich était devant moi ; et, pour cette fois, dit-il avec un aimable sourire, je pourrais dire de Reich, sans qu'il eût le droit de s'en fâcher. » — « C'est hors de doute, si votre Altesse l'anoblit, » dit le Chambellan, en faisant mine de vouloir embrasser Léopold, et en lui témoignant avec gaucherie une joie qu'il ne ressentait pas. « L'anoblir, reprit le Prince, me serait difficile ; il a une meilleure noblesse que celle qu'un diplôme lui donnerait ; mais ce n'est pas de ceci dont nous devons nous occuper : réjouissons-nous d'avoir retrouvé un ami, et livrons-nous à la joie que doit nous inspirer un semblable événement. »

Plus la chose était désagréable à Mansdorf, plus il chercha à faire croire le contraire. Le Prince, selon son usage, en fut la dupe; mais Léopold ne s'y trompa point un moment. Le Chambellan eût bien voulu connaître à son tour le motif de la conversation qui avait amené cette reconnaissance; il ne put y parvenir : le Prince ne jugea pas à propos de le mettre dans la confidence.

CHAPITRE XLIV.

. . haud tanto cessabit cardine rerum
VIRGILE, *Enéide*, chant I.
Il ne s'arrêtera pas en si beau chemin

CEPENDANT, la soirée s'avançait, et Léopold prit congé du Prince. « Ne pense pas, lui dit ce dernier, que je te laisse partir si vite ; il y a trop de temps que nous sommes séparés pour que je ne veuille pas te retenir. Je ne puis te présenter aujourd'hui à la Princesse, car elle se trouve incommodée d'une chute qu'elle a faite ; mais il faut que tu viennes au cercle : nous y rencontrerons une personne de ta connaissance ; elle sera peut-être bien aise de te voir. » Léopold, se doutant qu'on voulait le présenter à la Marquise, refusa en objectant qu'il n'était pas habillé convenablement. » — « Cela ne fait rien, reprit le Prince, tu passeras pour un voyageur nouvellement arrivé ; et, d'ailleurs, si je te trouve bien comme tu es, il serait singulier qu'il en fût de plus difficiles que moi. »

Chaque parole du Prince tourmentait Mansdorf un peu plus : il était attéré de la douce familiarité qui renaissait entre Léopold et Henri, et tous les serpens de la jalousie torturaient déjà le fond de son cœur. Il prétexta une occupation pressante, pour se dispenser d'entrer dans le cercle aves les deux amis : son orgueil souffrait de l'idée d'y paraître à la suite du nouveau venu. En même temps il souhaitait de pouvoir prevenir Fiorina, afin qu'elle déguisât sa surprise involontaire. Ne croyait-il pas, le Chambellan, que l'Italienne reverrait avec dépit son premier et volage amant ? Henri le laissa maître de se séparer de lui ; il en profita, et quand les deux amis entrèrent dans le groupe, la Marquise savait qui elle allait revoir.

L'apparition d'un inconnu en habit de ville très-ordinaire, et décoré du grand ordre de l'état, occasiona, comme on peut le croire, une extrême sensation. Tous ceux auxquels Léopold était inconnu, et c'était le plus grand nombre, le voyant dans la plus intime familiarité avec le Prince, se hâtèrent de demander son nom, et difficilement purent-ils l'apprendre. Cela n'empêcha point qu'il ne vît autour de lui des visages rians : on ne pouvait trop fêter un homme que le Prince nommait son ami. Henri l'amena d'abord vers Fiorina. « Madame, lui dit-il, aurez-vous une meilleure mémoire que le comte de Mansdorf, et vous rappellerez-vous les traits de ce fugitif que je forcerai maintenant à nous être fidèle ?»

— « Je n'oublie pas facilement mes anciennes connaissances, répliqua l'Italienne, avec un aimable sourire ; et, d'ailleurs, monsieur Reich ne sera jamais rangé dans la classe de ceux dont on ne se souvient pas. Je l'ai reconnu au moment où il a paru près de vous, et je le prie de recevoir mes complimens. Je regrette seulement qu'il m'ait refusé la faveur de vous le présenter : il ne peut douter du plaisir que j'aurais eu à le faire. » En parlant ainsi, elle tendit à Léopold une main que celui-ci ne s'empressa de baiser que par égard pour le Prince. « Oh ! dit Henri, je ne crois pas, Madame, que l'ascendant de votre sexe ait grand pouvoir sur ce jeune sauvage, et, s'il a paru devant moi, ce n'est point pour contenter mon amitié. Cet Hippolyte moderne hait la cour, les courtisans, et, Dieu me pardonne! je crois qu'il haïrait le Prince, si le Prince n'avait pas le bonheur d'être son ami. »

Ce propos aussi flatteur acheva de porter au plus haut point l'importance de Léopold : on s'empressa autour de lui, car ce que venait de dire le Maître le rendait digne de tous les égards, comme de toutes les avances. Mais les personnes, sur lesquelles sa vue fit la plus profonde impression, furent madame de Sebendal et mesdemoiselles d'Hertak et de Worms : la Comtesse éprouva une vraie surprise, en apercevant auprès du Prince, et traité par lui avec une si intime familiarité, celui que naguère elle venait de bannir de chez elle. Elle ne pouvait en croire le témoignage de ses yeux.

On doit se rappeler qu'après la scène où le comte Édouard eut reconnu Léopold chez sa mère, il avait assuré à Wilhelmine et à Louise que Reich vivait publiquement avec la jeune Meisberg. Louise, bien certaine que cette fille ne pouvait pas être la sœur de son amant, se livra à une douleur si vive, que la clairvoyante Wilhelmine n'eut pas de peine à deviner le genre d'intérêt que l'Orpheline prenait à Léopold. Pour continuer le rôle qu'elle jouait en ce moment, elle commença par attiser la jalousie naissante dans l'âme de Louise, et, en lui montrant une pitié compatissante, elle parvint à lui arracher la connaissance de son secret. elle en profita pour lui peindre la perfidie du fils du pasteur, pour lui représenter combien il était coupable et indigne de son vertueux attachement ; enfin, elle sut si bien faire que mademoiselle d'Hertal jura d'oublier un parjure et un volage.

C'était beaucoup, mais il fallait faire davantage ; c'etait d'éviter une explication entre les deux amans, qui presque toujours tourne à la honte de ceux qui ont cherché à les brouiller. Pour y parvenir, Wilhelmine courut trouver la Dame d'honneur, et l'instruisit de ce qui se passait. Nous laissons à juger au lecteur intelligent quelle dut être la colère de madame de Sebendal. Un coup d'œil lui laissa facilement entrevoir les difficultés qu'un amour veritable opposerait aux projets qu'elle avait formés ; elle déplora la folie avec laquelle elle avait laisse s'introduire chez elle un personnage dont sa prudence aurait dû se méfier, et sur-le-champ, prenant son parti, elle lui ecrivit pour lui defendre de revenir. Cette action lui parut une victoire éclatante, et, en même temps, elle se felicita de la douleur que pouvait éprouver Louise, puisqu'elle lui faciliterait un nouveau moyen de succès.

Il était affreux le chagrin que ressentait la Fille d'honneur. son âme était déchirée, elle se mourait de désespoir, et parfois cependant elle se surprenait à douter de la culpabilité de Reich. Elle voulait alors le voir et l'entendre; d'autres fois, le dépit l'emportait, et elle le chargeait alors des noms les plus significatifs et les plus odieux. Son cœur se souleva contre elle, quand, dans le salon du Prince, elle conçut le désir de lui parler, de l'accabler de reproches, et de l'assurer qu'elle le détestait.

Léopold, à la vue de son amie, éprouvait un autre sentiment : ce n'était pas celui de la haine mais celui de l'amour le plus tendre, le plus impétueux. Charmé de se trouver auprès d'elle, il en ressentit une joie excessive, et dès qu'il le put, il s'approcha de Louise, et lui demanda des nou-

5.

velles de sa santé. Il achève, et loin de repondre, elle, lui lançant un regard de mépris, tourne la tête d'un autre côté, et par ce mouvement opiniâtre, lui annonce clairement qu'elle ne veut pas s'entretenir avec lui.

Combien fut grande l'émotion douloureuse éprouvée par Reich! A son tour, et tout comme Louise, il s'éloigna de quelques pas, et fut chercher une distraction qu'il ne pouvait rencontrer. Sa retraite le porta auprès de l'Italienne; elle était avec l'éternelle madame d'Oppenhein et le conseiller d'Hermann, tous les trois pétrifiés de l'introduction de Léopold et du crédit dont il paraissait jouir sur le Prince.

« Eh bien! monsieur Reich, lui dit Fiorina, vous m'avez refusé ce que vous êtes venu chercher vous-même? Dois-je compter désormais sur vos sermens? N'avez-vous pas trahi celui que dernièrement vous me fîtes? » — « Je sais, Madame, répondit Léopold, que ma présence doit ici vous surprendre; je pourrais dire à mon tour, comme le doge de Gênes, quand il se trouvait à Versailles pour obéir à la volonté de Louis XIV : Ce qui m'étonne le plus ici, c'est de m'y voir. Ce matin même, je vous jure, je ne me doutais pas que j'enfreindrais, non mes sermens, mais mon opinion, et que je ferais plier jusque-là mon caractère. Je ne dirai pas maintenant que j'en éprouve du regret, car l'amitié du Prince a touché mon âme et l'a remplie du plus doux sentiment. Je puis seulement vous jurer que je n'ai pas recherché ma faveur, et qu'une cause étrangère, mais obligatoire, m'a conduit tantôt au palais. Je ne vois point néanmoins par quel moyen une telle démarche, commandée par la nécessité puissante, vous donnerait le droit de craindre..... Heureusement que je vous suis connu, et je ne doute pas que votre cœur ne soit exempt des terreurs que votre bouche m'exprime. »

Le discours de Léopold, prononcé avec la dignité qui lui était naturelle, porta la conviction dans le cœur de la Marquise, et si le rouge épais dont elle fardait sa figure l'eût permis, on eût pu voir sur ses joues colorées les marques de sa confusion. « Je me flatte, Monsieur, dit à son tour Hermann, que vous ne me refuserez pas de venir voir ma galerie de tableaux : vous êtes amateur, je le sais, et j'ose vous promettre un choix de pièces capitales dignes de piquer votre curiosité ; je serais charmé de me lier avec vous, et si un repas d'ami... »

« Pardon, Monsieur, répliqua Léopold, si je vous refuse, mais de vastes travaux, et des affaires dont je ne puis prévoir le terme, ne me permettent pas de prendre de long-temps des engagemens. » — « J'ai, Monsieur, dit alors madame d'Oppenheim, de delicieuses matinées de musique; mes filles passent pour les premières *dilettanti* de la residence, et si vous aimez cet art enchanteur, je me permettrai de vous engager à nous faire l'honneur de venir à nos concerto de famille. » Ce sera avec plaisir que j'accepterai, répliqua Léopold, en s'inclinant, lorsque mes occupations m'en laisseront le maître. » Fiorina lui dit en ce moment quelque chose, mais Léopold ne l'entendit pas, son œil était fixé sur sa maîtresse. Le Prince avait abordé mademoiselle d'Hertal, il lui parlait avec chaleur, et elle lui répondait de même. Un subit éclair frappa Reich : la corruption des cœurs lui était connue, il trembla pour la vertu de la Fille d'honneur, et une vague crainte descendit dans son âme; il chercha d'abord à la surmonter, mais la conversation continuant sur le même ton, il ne put retenir son impatience, et prenant une vigoureuse résolution, il s'arracha de ce lieu qui lui était détestable; et, sans qu'on s'en aperçut, il revint à l'hôtel du Comte, plongé dans les plus tristes rêveries.

Waldein ne s'était pas couché et attendait son retour; il avait bien auguré de la longue absence de son favori. Mais combien fut entière son allégresse quand Léopold, faisant un effort sur lui-même, lui déguisant son cuisant chagrin, raconta ce qui s'était passé. L'empressement du Prince à vouloir reconnaître sa sœur, et l'accueil amical et plein de franchise qu'il avait prodigué à lui Léopold. Rien ne pouvait être plus agréable au Comte; aussi il en felicita le jeune homme, en lui faisant envisager le bien qui pourrait en résulter pour l'état. Helas! ce n'était pas le moment de parler avec lui des hautes spéculations de la politique : son cœur était brisé, et le regard insultant de Louise, son air riant en causant avec le Prince l'occupaient. Alors, bien plus que toute autre chose, il voulait s'en revenir chez lui. « Vous ne le ferez pas, lui dit le Comte ; désormais vous n'aurez plus d'autre maison que la mienne; vous ne devez plus me quitter.» Force fut encore à Léopold de se soumettre à ce dernier acte du pouvoir, et il passa dans l'appartement que le premier Ministre lui destinait depuis le jour de son arrivee à la résidence.

Henri, tout entier à son amour pour Louise, oublia Léopold, et ne le vit pas partir; il ressentait une joie extrême à se voir bien traité par cette jeune personne, et cet accueil ouvrait son âme à l'espérance d'un succès à venir. Cependant, auprès de la Fille d'honneur, sa sœur malheureuse l'occupait encore, et la vue de madame de Sebendal la lui ayant rappelé, il quitta l'objet de sa nouvelle tendresse et se rapprocha de la Comtesse. « Madame, lui dit-il, en la prenant à part, l'absence du comte Édouard sera-t-elle longue? » — « Je l'ignore, Monseigneur ; mon fils avait depuis long-temps le désir de faire un voyage en France comme en Italie, et je pense qu'il est parti dans le dessein de l'exécuter. » — « Je dois être surpris d'une résolution aussi soudaine : quoi! se mettre en route sans m'en prévenir, sans demander mon autorisation ! Ce n'est point se conduire selon l'usage ; j'aurais à me plaindre de lui. » La Comtesse, surprise d'un pareil reproche, crut devoir justifier son fils. « Je n'aurais rien dit du comte de Sebendal, reprit le Prince, s'il l'avait exécuté sans le faire précéder d'une entreprise tellement hardie, qu'il faut, Madame, toute la considération que je vous porte pour ne pas en témoigner mon mécontentement. Quoi! il enlève de vive force une jeune personne placée sous la sauvegarde de mon premier Ministre, puisqu'elle habitait une de ses maisons; il fait plus encore : ses agens abusent de mon nom pour intimider des domestiques qui eussent pu résister! J'avoue que je ne reconnais là nullement un gentilhomme plein d'honneur et de delicatesse; mais s'il n'est point coupable, il est nécessaire du moins qu'il vienne se justifier. »

Malgré toute sa dissimulation, madame de Sebendal ne put retenir des marques de sa profonde consternation. Le Prince put les apercevoir, et il se confirma dans la pensée que l'enlèvement n'était pas inconnu à la Dame d'honneur. Celle-ci cependant, après le premier mouvement, reprit son assurance, et demanda en grâce d'être instruite d'une façon plus particulière de l'action criminelle dont son fils était accusé. »

— « Je puis, Madame, vous satisfaire bien aisement, repliqua Henri, » et alors il lui détailla toute l'histoire de la disparition d'Adèle, ne faisant mystère que du seul secret de sa naissance, qu'il ne jugea pas à propos de lui confier. Le récit fut assez long ; il donna tout le temps à la Comtesse de se remettre de son trouble, et alors prenant à son tour la parole, elle dit : « Je ne suis pas surprise, Altesse, de tout ce que vous venez de m'apprendre : les noms du comte de Waldein et de ce Léopold de Reich, auquel vous donnez le titre de votre ami, me prouvent qu'en ceci il existe un complot détestable contre mon fils, contre moi et toute ma maison. Je pense que la haine du premier Ministre vous est assez connue. Vous n'ignorez pas qu'il m'a poursuivie de tous temps. Il est naturel que l'enlèvement de sa protégée lui fournisse une occasion pour me perdre, et qu'il en profite ; je voudrais d'abord qu'on me prouvât l'amour de mon fils, pour cette creature, qui, vil rebut de son sexe.... »

— « Arrêtez, Madame ! s'écria le Prince d'une voix assez haute, pour que toute l'attention du cercle se rapportât sur lui et sur la Dame d'honneur. Gardez-vous d'outrager une personne digne de tous vos respects. Je ne souffrirai pas qu'on lui manque devant moi. » — « Je vois, reprit la Comtesse alarmée de cette interruption énergique, que Votre Altesse s'est déjà laissé prevenir par le nouveau venu. Ignorez-vous que cette fille, pour laquelle il a voulu vous intéresser, n'était que sa concubine, et tous les deux.... » — « Encore un coup, Madame, ne parlez point de cette manière! Je croyais que c'en etait assez de vous avertir une fois. »

Plus le Prince prenait le parti d'Adèle, plus la Comtesse était étonnée et confondue. Son exaspération n'ayant plus de borne, elle hasarda à frapper un grand coup, dont elle ne calcula pas les suites. « Je me tairai sur ce point, puisque Votre Altesse me l'ordonne, mais elle ne me défendra pas de lui dire que je récuse toutes inculpations de ce monsieur de Reich contre moi ou les miens: sa colère ou sa rage est maintenant animée par la résolution que j'ai prise de lui interdire ma maison. Pouvais-je, en effet, permettre qu'un jeune homme, que je ne savais pas être votre ami, se permît d'élever ses vœux jusqu'à mademoiselle d'Hertal, et cherchât à lui faire partager sa tendresse. » — « Ce que vous me dites là, Madame, me semble bien étrange, » repartit le Prince d'un ton chagrin, car il ne put recevoir sans déplaisir la perfide confidence qu'on venait de lui faire ; comment se pourrait-il que monsieur de Reich, depuis peu dans la residence, eût essayé d'aimer et de plaire à mademoiselle d'Hertal ? Je le connais il y a longtemps ; j'ai pu apprécier la grandeur de ses pensées, et certes, il ne me montra jamais le caractère d'un lâche suborneur. »

— « Une partie de votre étonnement ne tardera pas à se dissiper, lorsque vous serez instruit que ma nièce, depuis son enfance, connaît ce jeune homme. ils ont été presque élevés ensemble, et l'amitié de leur adolescence a pu être remplacée par l'amour. » — « Mademoiselle d'Hertal l'aimerait donc, si j'en crois ce que vous me dites. » — « Je me suis mal expliquée? si je vous ai donné à penser une pareille chose : M. de Reich adore Louise; mais, grâce à Dieu! il n'est pas payé de retour. Oui, Monseigneur, Louise est libre encore, quoique je ne puisse pas interpréter la mélancolie, à laquelle, depuis quelques jours, elle s'abandonne. » Ce que cette phrase adroite voulait faire entendre n'échappa pas au Prince: un moment, il eut l'espoir d'être l'objet de la taciturnité de mademoiselle d'Hertal; mais, tout à coup, songeant à Leopold, il ne put s'empêcher de craindre la concurrence d'un rival si redoutable. Cependant, les confidences de madame de Sebendal ne produisirent pas tout l'effet qu'elle en attendait; le Prince ne se mit pas en colère contre le rival qu'on lui montrait, et renfermant en lui tout ce qu'il éprouvait de pénible, il ramena la conversation au but principal, que la Comtesse se félicitait dejà d'avoir complétement écarte.

« Quoi que vous puissiez me dire, Madame, j'ai la preuve la plus irrécusable que ce n'est point par esprit de haine que le comte de Waldein et M. de Reich accusent votre fils . les apparences les plus fortes s'élèvent toutes contre lui. On ne peut nier, que, sous le déguisement d'un garçon jardinier, il ne se soit introduit, durant plusieurs semaines, dans la maison de mademoiselle Meisberg ; il est des témoins de ce fait; en outre, la jeune personne, inconnue à qui que ce soit, disparaît, enlevée par des gens qui se disent les émissaires de ma volonté. Cet événement a lieu à l'instant même où Léopold reconnaît votre fils, et le comte Edouard part la nuit de l'enlèvement sans qu'on sache vers quel lieu il a dirigé sa route. Enfin , je sais que M. de Reich et mon premier Ministre, bien loin de vouloir soustraire mademoiselle Meisberg au monde qui la réclame, ont tout à attendre de ma reconnaissance, si elle est retrouvée. C'est assez vous en dire, je pense, pour que vous souhaitiez de joindre vos efforts aux leurs ; je vous en prie, et au besoin, je vous l'ordonne. »

— « Il me serait agréable, Altesse, de vous obéir ; mais je vous jure que je suis dans une complète ignorance de tout ce qui a rapport à cette jeune fille. » — « Tant pis pour vous, Madame, car j'ai le malheur de ne pas le croire ; je suis au contraire convaincu que vous en savez sur ce point plus que vous ne voulez en dire, et cela me force à vous faire entendre mon dernier mot : si, dans deux fois vingt-quatre heures, mademoiselle Meisberg n'est pas rendue dans votre demeure, où je vous charge de la garder jusques à nouvel ordre de ma part, vous appellerez sur vous et les vôtres les justes effets de mon ressentiment ; j'en ai assez dit et songez à me bien entendre. » En prononçant ces mots avec toute la sévérité qu'il put y mettre, le Prince se leva, laissant la Comtesse abattue et comme anéantie.

Cette longue conversation avait attiré l'attention publique : chacun, par respect, s'était éloigné des deux interlocuteurs, et, en même temps, on cherchait à surprendre dans leurs regards, dans leurs gestes, ce qu'ils se pouvaient dire. Toute la cour en était intriguée. Le parti de la Marquise regardait cette conférence comme une preuve de la haute faveur de la Comtesse ; les amis de celle-ci s'en applaudissaient ; mais, à la fin, et à la manière dont le Prince la quitta, à l'air d'anxiété qui se peignit sur sa figure, on en augura qu'ils se séparaient peu contens l'un de l'autre. « Que peuvent-ils avoir tant à se dire ? » murmurait à voix basse Fiorina à Hermann. — « Vous verrez, répliqua celui-ci, que le Prince témoigne son admiration pour la Fille d'honneur, et la vertu de la Comtesse s'irrite du faible prix qu'on lui offre, pour l'engager à vendre sa nièce. » — « Vous êtes horriblement méchant, reprit l'interlocutrice, et vous n'y prenez pas garde. » — « Ah ! Madame, dans ce cas, ce n'est pas méchant qu'il faut dire, mais me faire vos complimens sur ma clairvoyance. »

CHAPITRE XLV.

Souvent l'innocence est traitée comme le crime mais ou celui-ci tremble, elle ne craint rien elle attend tout de son bon droit et de la providence
ANONYME.

La Comtesse, de son côté, plongée dans une consternation inexprimable, n'eut pas la force de se lever; elle demeura atteinte d'un frisson convulsif qu'elle eut grand'peine à dissimuler. Le ton austère du Prince lui annonça qu'il voulait être obéi, et elle ne pouvait se résoudre à faire ce qu'il ordonnait. Le lecteur a deviné que madame de Sebendal était le seul auteur de l'action infâme qui avait privé Adèle de sa liberté. Dès qu'Édouard eut avoué à sa mère l'attachement que lui inspirait cette jeune personne, et sa ferme résolution d'en faire son épouse, la Comtesse, qui appréciait l'exaltation de son fils, et quelle difficulté elle rencontrerait à le ramener à ses idées, appela la dissimulation à son aide. Elle parut se résoudre à souffrir un mariage aussi disproportionné ; mais elle se jura tout bas d'y opposer d'invincibles obstacles. Elle quitta Édouard, comme on a pu se le rappeler, sous le prétexte d'aller passer la soirée chez la Princesse. Ce fut une ruse, car, dès que son fils se fût éloigné, elle fit venir Wilhelmine.

« Eh bien! ma belle enfant, lui dit-elle, vous ne vous doutez pas de ce que j'ai à vous apprendre. » — « Et vous, reprit à son tour mademoiselle de Worms, vous êtes loin de vous imaginer l'importance de la découverte que je viens de faire. » — « Édouard aime une misérable aventurière, et veut en faire son épouse. » — « Louise est éprise de ce jeune Léopold, qui est moins un peintre que son amant. » — « Cela serait-il possible?» — « Votre fils placerait-il si bas ses affections ? » — « Ma chère amie, apprenez-moi ce que vous savez; à mon tour, je vous révélerai ma découverte et mes projets ultérieurs. »

Wilhelmine ne se fit pas presser; elle lui raconta la scène dont elle venait d'être le témoin, et si la Comtesse éprouva quelque chagrin à la nouvelle de l'attachement réciproque de Louise et de Léopold, elle eut en compensation la joie de voir que son fils croyait sa maîtresse une femme coupable, et Louise, son amant un misérable débauché. Elle écrivit, on le sait; nous ne reviendrons pas sur ce que nous avons deja conté. Wilhelmine dit à la Comtesse, après avoir épuisé à fond cette matière : « Le moment est favorable pour nous delivrer de cette fille qui a séduit Édouard : il faut la faire enlever dans le plus bref délai possible, et la disparition sera attribuée, par votre fils, à la découverte qu'il aura faite de l'intrigue de Léopold. Il ne doutera pas que celui-ci n'ait voulu lui soustraire sa maîtresse. Je connais la génerosité d'Édouard, il n'aura plus d'amour pour une personne étrangère aux lois de la vertu. » La Comtesse trouva le plan admirable; elle appela son valet de chambre qui avait toute sa confiance, elle lui remit une forte somme, et le même soir, des bandits, payés au poids de l'or, tentèrent et exécutèrent cette criminelle entreprise.

Adèle fut troublée avec raison, lorsque plusieurs hommes, se présentant devant elle, lui declarèrent qu'on l'arrêtait au nom du Souverain. La terreur glaça ses sens, elle fut incapable d'opposer la moindre résistance : ignorant les lois de son pays, elle ne contesta pas à son Maître le droit qu'il paraissait vouloir s'arroger. A peine lui permit-on de prendre quelques vêtemens; on l'entraîna malgré ses larmes, et l'ayant fait monter dans une voiture qui partit promptement, elle quitta ainsi la résidence. Un homme, de mauvaise mine, était placé auprès d'elle; il lui signifia qu'il avait ordre, à la première plainte qui lui échapperait, de lui mettre un baillon sur la bouche, et de se porter contre elle aux dernières extrémités. Une telle menace était inutile; la pauvre orpheline ne songeait pas à se soustraire à son persécuteur. Elle promit une obéissance absolue, et tout le reste de la nuit elle ne fit que soupirer et verser d'amères larmes.

La voiture ne s'arrêta vers le matin que le temps nécessaire à prendre des vivres pour le repas; on se remit immédiatement après en route, et l'on entra dans une épaisse forêt. Jusques à ce moment, Adèle conservait la vague espérance d'un secours qui lui paraissait devoir venir de son frère supposé. Léopold était tout pour elle, mais néanmoins elle ne pouvait s'empêcher de donner un souvenir à ce comte de Sebendal. Malgré elle, elle était disposée à pardonner à son audace; elle lui avait d'ailleurs entendu dire qu'il se flattait de revenir avec le consentement de sa mère, et la simple fille s'indignait parfois de songer aussi souvent à l'élégant jardinier comme au bon et généreux Léopold. Ces diverses pensées vinrent charmer l'état pénible de sa position; en même temps, elle se perdait en vagues conjectures sur le motif de son arrestation. Elle ne pouvait en deviner la cause, lorsque, tout à coup, il lui vint dans la pensée que peut-être le coup, dont on la frappait, était parti de la famille de M. de Sebendal. Cette idée lui parut la plus naturelle, et le dirons-nous? elle commença à chérir un peu plus Édouard, par cela seul qu'on employait la violence pour la séparer de lui.

Vers le declin du jour, on arriva à un antique château, bâti dans la forêt, à l'extremité de la grande route; il appartenait en propriété à mademoiselle de Worms, et il lui venait de la succession de sa mère. On l'avait choisi comme un lieu propre à garder une prisonnière, et par sa situation à l'abri des recherches qu'on n'irait pas faire dans un pays aussi désert. Rien n'y manquait pour en faire une véritable forteresse: les fossés, les crénaux, les ponts-levis, tout s'y trouvait. La concierge en était une vieille femme, nourrice autrefois de Wilhelmine, et qui lui était entièrement dévouée. Le conducteur d'Adèle la fit descendre dans un obscur passage qu'éclairait une lanterne, et fut remettre à la dame Marianne une lettre de mademoiselle de Worms, qui mandait à la concierge d'exercer la plus grande surveillance sur une fille dont toute sa famille avait à se plaindre, de ne jamais lui permettre de franchir les murailles du château, et enfin de lui laisser croire qu'elle était dans une prison d'état.

Dame Marianne, à la lecture de cette lettre qui augmentait son importance, s'empressa d'assurer le valet de chambre de la Comtesse, car c'était lui qui avait accompagné Adèle, que les ordres de sa chère enfant seraient complétement suivis. En même temps, elle fut trouver Adèle qui, mourante de frayeur et de froid, était restée dans la salle, où d'abord on l'avait fait entrer, et, sans lui rien dire, la conduisit par de grands escaliers, de nombreuses galeries, en une vaste chambre, située au bout d'un immense appartement. « Voici, lui dit la concierge en l'y établissant, votre demeure jusques à nouvel ordre : le Ministre aurait pu vous traiter avec plus de dureté, mais on a la ressource des cachots si vous faites la méchante. »

A ces terribles paroles, la pauvre Adèle, que sa mère et Léopold ensuite avaient traitee avec tant de douceur, frissonna de tous ses membres, et d'une voix altérée assura dame Marianne qu'elle ne songeait pas à se revolter, mais qu'elle voudrait bien savoir pour quelle faute on la punissait aussi sévèrement. « Vous êtes bien curieuse, jeune fille, reprit dame Marianne; pensez-vous que le Prince me mette dans la confidence de ses secrets? Je n'en sais pas plus que vous; mon rôle se borne à vous surveiller sans relâche, à être complaisante si vous vous conduisez bien, à vous punir si le cas l'exige. » En parlant ainsi, l'active concierge avait allumé un grand feu; elle approcha un siége, le donna à l'Orpheline, fut lui chercher un volume contenant des histoires merveilleuses, qui était placé sur des tablettes voisines, et lui recommanda de se tenir tranquille jusques au moment ou elle lui apporterait à souper.

Adèle, restée seule dans cette immense chambre, que la clarté du feu et celle d'une lampe éclairait à peine, éprouva une extrême frayeur. A peine osait-elle jeter un regard dans les angles obscurs de la pièce. A chaque instant, elle craignait d'en voir sortir le fantôme de quelque chevalier armé de toute pièce, ou celui du chapelain du château, qui viendrait prier une âme pieuse de faire dire en son nom les messes qu'il avait escamotées autrefois. Cependant, rien n'aidait à vérifier l'effroi de la jeune personne ; les farfadets se tenaient tranquilles, et nul fantôme ne songeait à sortir de son tombeau. Adèle, revenant à elle, prit le livre dont on lui avait recommandé la lecture, et choisit l'histoire qui lui parut la plus intéressante. Nous ne la rapporterons pas au lecteur ; il suffira de lui dire qu'elle était propre à augmenter la peur plutôt qu'à la diminuer, et qu'Adèle tressaillit malgré elle quand, vers dix heures, dame Marianne lui présenta son souper. Elle ne l'avait pas entendue entrer, et elle frémit en la voyant tout à coup auprès d'elle.

« Vous mangerez bien quelque peu, lui dit cette femme, car enfin à votre âge il n'y a pas de chagrin qui ôte l'appétit, et d'ailleurs un bon repas donne des forces pour mieux soutenir ses peines. » Adèle remarqua d'un coup d'œil que le repas qu'on lui présentait avait bonne mine; elle se montra étonnée d'une telle recherche dans une prison, où, d'après les récits qu'elle en avait entendu faire, elle s'imaginait qu'on ne présentait au détenu qu'un morceau de pain et une cruche d'eau. Comme le lui disait Marianne, malgré sa douleur, la nature parlait en elle; elle se mit à table et fit honneur au souper. « Allons, allons, disait la concierge, il ne faut désespérer de rien; qui sait ce que le bon Dieu vous prépare ? Peut-être vous a-t-il amenée ici pour faire votre salut. »

— « Mais, Madame, lui répliqua Adèle, mon cœur ne me reprochait rien qui pût y mettre obstacle, quand j'habitais la maison d'où l'on m'a arrachée. » — « Toutes celles qui vous ressemblent tiennent toujours le même langage : ce sont des anges quand on les punit, et peut-être auparavant elles en eussent enseigné aux diables. »

Adèle eut presque envie de rire en entendant ce propos, si offensant d'ailleurs pour elle; elle allait répondre, mais venant à réfléchir sur l'inutilité d'une explication avec une femme de cette classe, elle garda un profond silence, laissant le champ libre à la concierge, qui ne déparla pas. Sur ces entrefaites, l'horloge du château sonna onze heures, et Adèle témoigna le désir de se reposer. Dame Marianne emporta les restes du repas, fit la découverte du lit, aida à la jeune personne à se deshabiller, et, pour la rassurer sur les frayeurs qu'elle avouait s'élever dans son âme, prétendit qu'elle ne couchait qu'à deux pas; ce que l'Orpheline ne pouvait plus vérifier, car elle était déjà dans son lit. Son imagination, qui travaillait, la tint assez long-temps éveillée ; mais enfin, n'entendant aucun bruit, n'ayant aucune vision extraordinaire, elle finit par s'abandonner à un profond sommeil.

CHAPITRE XLVI.

◇

. . . . *velocius et citius nos*
Corrumpunt vitiorum exempla domestica, magnis
Quum subeunt animos auctoribus.

JUVENAL, *Sat* XIV

Les exemples de corruption que nous donnent nos proches, nous pervertissent d'autant plus vite, que ceux qui nous les offrent nous en imposent davantage.

◇

Nous avons laissé la comtesse de Sebendal dans le salon du palais du Prince, confondue par l'ordre impérieux de son Souverain, qui avait exigé le retour d'Adèle d'une manière si positive. Elle déplora d'abord de n'avoir pas été assez maîtresse d'elle-même pour retenir cette première surprise, qui sans doute l'avait trahie; elle supposa, d'ailleurs, au Prince une plus entière connaissance de la vérité, et, malgré son désir de ne pas rendre la jeune personne, elle crut plus prudent de céder à l'orage que de resister ouvertement à Henri. Elle espérait bien le ramener par la suite, car elle avait vu que Louise regnait toujours dans son âme; et elle se flatta d'obtenir son pardon en employant à propos le crédit naissant de sa nièce. Cependant, avant de rien faire, elle voulut consulter Wilhelmine, pour laquelle elle montrait la plus grande deference, et quand elle fut dans son appartement, elle la fit appeler. Mademoiselle de Worms, malgré son audace, demeura comme la Dame d'honneur épouvantée des manières du Prince : elle fut la première à conjurer la Comtesse de s'empresser de rendre la prisonnière.

« Que pouvez-vous en redouter ? lui dit-elle ; votre fils, dont vous craignez l'amour, a pris la fuite dans son désespoir ; un long espace de temps s'écoulera avant qu'il reparaisse. Pensez-vous d'ailleurs qu'il revînt à une femme perdue qui est si certainement la concubine de son prétendu frère ? Nous ne pouvons deviner quel intérêt si puissant le Prince peut prendre à cette créature ; il agit, selon toute apparence, par l'impulsion que lui a donnée son nouvel ami. Ceci est heureux encore, car si ce Léopold est trop ardent pour retrouver cette fille, nécessairement sa conduite servira à détacher de lui davantage mademoiselle d'Hertal. Croyez-moi, faites revenir celle qu'on demande : elle ne sait pas qui l'a ravie, où on l'a conduite ; elle ne pourra donner que de faibles lumières sur notre entreprise. Enfin, fions-nous un peu à notre étoile, et à Louise par-dessus tout. »

La Comtesse se décida à suivre cet avis, et sur-le-champ une nouvelle lettre de Wilhelmine fut expédiée à dame Marianne, pour que, remettant Adèle en liberté, elle la ramenât elle-même à la résidence le plus tôt possible. Wilhelmine ajoutait ces mots : « Gardez-vous d'apprendre à votre prison-
» nière qu'elle va se retrouver hors de ses
» fers ; vous lui direz seulement que l'ordre
» du Prince la ramène à la résidence où elle
» sera dorénavant à demeure. Vous aurez
» grand soin d'elle, vous réparerez par vos

» respects les manques d'égards que vous
» avez eus peut-être ; vous la conduirez vous-
» même, et vous ne la remettrez qu'aux
» mains de madame la comtesse de Seben-
» dal, dame d'honneur de la Princesse ré-
» gnante. Ayez la discrétion de lui cacher
» le nom de cette dame ; nous le lui appren-
» drons quand elle sera ici. »

Cette dépêche fut remise à un courrier, qui eut ordre de faire la plus grande diligence ; il partit, et, dans le jour suivant, le valet de chambre de madame de Sebendal revint auprès d'elle lui annoncer que ses ordres étaient exécutés, et que, sans nul obstacle, la jeune fille avait été conduite au lieu de sa détention. « Je vous remercie, lui répondit la Comtesse ; mais, mon cher Klosberg, les choses ont bien changé depuis votre départ. J'ai envoyé, il y a peu d'heures, un second message pour qu'on donnât la clef des champs à cette odieuse personne : ainsi le veut le Prince. Ses soupçons sont venus jusque sur mon fils ; peut-être même me comprend-il dans le complot, et je n'ai pu résister à sa volonté suprême. Ma reconnaissance, à votre égard, n'en sera pas moins entière, et vous ne devez pas tarder à en ressentir les effets. »

Ainsi parla madame de Sebendal, avec un dépit visible. Cependant elle fit appeler Louise. « Ma chère nièce, lui dit-elle en la voyant : votre secours me devient aujourd'hui nécessaire; une adroite méchanceté m'a compromise vis-à-vis du Prince, et il m'a paru irrité contre moi. Vous vous rappelez d'avoir entendu l'autre jour mon fils vous parler de cette fille que M. de Reich faisait passer pour sa sœur : eh, bien ! le comte Édouard, par je ne sais quelle fatalité, était devenu éperdument épris de cette malheureuse; il voulait pousser la folie jusqu'à lui donner le nom d'épouse, et n'avait pas craint de m'affliger en me le disant. Je serais morte plutôt que de consentir à un mariage aussi odieux. Mon fils devait-il prendre pour femme la concubine d'un autre ? Cependant j'avais tout à craindre de son délire, et, en bonne mère, je dus prendre des mesures pour rompre le projet d'une union si disproportionnée. En conséquence, je n'ai pas balancé, et tandis que vos éclaircissemens, en confondant Édouard, en lui prouvant qu'il était le jouet d'une misérable, l'ont decidé à partir le même soir pour le long voyage qu'il devait entreprendre depuis quelque temps, j'ai fait saisir la fille, et l'ai, à l'aide de ruses et de gens dévoués à mon service, faite conduire dans un château écarté, tant pour la soustraire à Édouard, dont la dernière résolution ne m'était pas encore connue, que pour donner le temps à cette abandonnée de revenir à de meilleurs sentimens. Je voulais lui faciliter les moyens de se marier avec un homme de sa classe, et, la retirant du vice, la sauver de sa perdition en même temps que mon fils. Tout m'avait réussi, j'étais tranquille; mais je me suis endormie sur un volcan. Ce M. de Reich, votre ancien compagnon d'enfance, et dont j'ignorais les relations antérieures avec notre Souverain, n'a pu souffrir de se voir enlever l'objet de sa flamme. Il a paru devant le Prince; je ne sais ce qu'il a pu lui dire, mais ce que je sais trop bien, c'est que son Altesse, entièrement séduite par le nouveau venu, pour lequel il fait profession d'une tendresse extraordinaire, m'a traitée hier fort durement : il s'est pris à moi de la disparution de mademoiselle Meisberg ; il a voulu que je la retrouvasse, ou il m'a menacée de faire tomber sa colère sur mon fils et sur moi ; enfin, il a poussé son injustice jusqu'à me commander de recevoir chez moi cette créature, et de la garder dans mon appartement ; me faisant entendre que son Léopold, c'est ainsi qu'il désigna M. de Reich, ne tarderait pas à se marier avec elle. Dès lors, j'ai été moins opposée à ses désirs, et j'ai donné les instructions nécessaires pour que cette nouvelle Hélène soit rendue à l'un de ses adorateurs. Cependant je ne doute pas que le dernier favori du Prince ne cherche, pour se venger, à me perdre dans l'esprit de son Altesse. Parlez à celle-ci, ma chère nièce : Henri viendra sans doute nous voir, car je ne vous cache pas que je lui ai fait demander, en votre nom, une audience, et sa galanterie voudra vous épargner la peine d'aller le trouver ; parlez-lui de moi, contez-lui les motifs réels qui m'ont conduite dans toute cette affaire. Certes ils sont excusables : l'honneur de ma maison me les dictait assez : je ne vous demanderai pas de lui faire mieux connaître celui dont il fait son ami ; peut-être vous répugnerait-il de dire ce que vous savez sur un personnage pour lequel vous avez eu de l'amitié autrefois ; mais n'oubliez pas deux choses : me faire pardonner et obtenir qu'il congédie cette Italienne, autre fourbe attachée à lui pour sa perdition. »

Louise, durant cette longue harangue, avait senti de nouveaux tourmens s'élever dans son âme : les preuves que la Comtesse lui apportait de l'amour coupable de Léopold pour Adèle, la plongeait dans un morne désespoir ; elle ne pouvait plus douter de l'infidelité de son amant : le témoignage en éclatait dans les démarches qu'il avait faites auprès du Prince, pour se faire rendre sa nouvelle maîtresse, sous le prétexte de vouloir l'épouser ; et comme alors le dépit agissait fortement chez Louise, combien elle était loin de se refuser à parler au Prince ! Ce qui lui paraissait plus affreux, était d'apprendre qu'elle serait obligée de vivre quelque temps avec une personne qu'elle ne regardait que comme une odieuse rivale. Aussi, d'une voix souffrante, promit-elle à la Comtesse de se conformer à ses désirs.

Dans le moment où elles conversaient ensemble, on apporta une lettre à l'adresse de mademoiselle d'Hertal ; elle etait timbree de la ville de Magdebourg, et elle était scellée des armes de la maison de Louise. Celle-ci s'empressa de la decacheter devant sa tante ; elle en regarda d'abord la signature, c'etait celle de son oncle le chanoine, comte Othelin, et, pour la première fois, ce Seigneur songeait à lui écrire. Elle fut impatiente de connaître ce qu'il pouvait lui-mander.

« Ma très-chère nièce, disait-il, j'étais in-
» quiet de votre long silence envers un parent
» dont vous êtes tendrement chérie ; je me
» préparais à venir vous joindre à Obernofff,
» auprès de cet excellent comte d'Altorn,
» à qui je vous prie de faire mes civilités,
» lorsque le baron de Blomenthal, l'un
» de vos tuteurs, m'a mandé que la très-
» honorable comtesse de Sebendal, votre
» tante, vous avait pris avec elle à la ré-
» sidence, et que, par son crédit, vous
» étiez entrée au nombre des filles d'hon-
» neur de la Princesse ; ma joie en a été
» des plus grandes. Vous devez reconnaître
» tant d'amitié par la confiance la plus
» excessive, et surtout par une aveugle
» obéissance à toutes ses volontés. Croyez-
» moi, ma nièce, vous ne pouvez mieux
» faire que de vous laisser entièrement
» conduire par cette excellente dame, dans
» tous les projets qu'elle forme pour vous
» et pour l'elévation de votre famille. Il

» m'est revenu, ma chère enfant, que son
» Altesse le prince Henri vous avait, dis-
» tinguée parmi vos compagnes, et qu'il
» vous honorait de son amitié; une telle
» faveur m'a parue si précieuse, que je ne
» puis hésiter à vous conseiller de tout faire
» pour la mériter et la conserver. Savez-
» vous quels peuvent être sur vous les des-
» seins de la Providence; elle vous destine,
» selon toute apparence, à conduire vers
» le bien votre Souverain : vous seriez,
» dès lors, coupable de vous éloigner de lui,
» en cédant à des insinuations qui ne pour-
» raient être que préjudiciables au grand
» intérêt de la chose commune. Mon enfant,
» mon âge et mon caractère m'autorisent
» à vous parler avec toute franchise : allez
» hardiment où voudra vous guider ma-
» dame de Sebendal, à laquelle je vous
» prie de communiquer ma lettre. Je sais
» que peut-être le Grand-Echanson se per-
» mettra de vous tenir un autre langage,
» mais ne l'ecoutez pas : c'est un impie,
» ma fille, un homme qui soutient en ce

» moment le vice, en appuyant le parti
» d'une Italienne, que je m'abstiens de
» nommer comme elle le mérite. C'est elle
» qui l'a engagé à me marquer que le
» Prince se conduisait d'une manière cou-
» pable ; j'ai repoussé ce mensonge, et je
» ne le croirai jamais. J'ai pensé que, dans
» votre position nouvelle, vous deviez être
» obligée à de fortes dépenses ; aussi je
» prends la liberté de joindre à la pré-
» sente un mandat de dix mille florins.
» Je vous conjure de l'accepter comme une
» marque de ma vive tendresse ; je compte,
» sous peu de temps, aller vous joindre,
» pour vous embrasser, car vous êtes la
» fille de mon frère, et, à ce titre, vous
» serez toujours ma nièce de prédilection.
» Adieu, mon enfant ; je ne saurais trop
» vous le répéter, marchez hardiment de-
» vant vous ; que rien ne vous effraie. Les
» Princes, qui tiennent leur trône de Dieu,
» peuvent purifier, en vertu de ce droit
» divin, les actions qui, au premier coup
» d'œil, paraissent les moins innocentes.

» Si son Altesse se rappelait de moi, vous
» seriez une aimable personne de lui de-
» mander de m'honorer du cordon de son
» ordre ; il ne pourrait en gratifier un plus
» dévoué serviteur. Adieu, mon enfant, je
» suis pour la vie votre respectueux ad-
» mirateur et oncle dévoué :

» *Comte* Othelin d'Hertal. »

« Voilà, Louise, dit la Comtesse qui apprécia tout d'un coup le parti qu'elle pouvait tirer de cette lettre, un bon parent : il prend du moins chaudement vos intérêts. Je suis charmée de voir dans quelle misérable intrigue votre propre tuteur ose entrer pour vous écarter. Certes, ce n'est pas lui qui méritera mon éloge ! Quoi ! vous sacrifier à cette Italienne ! Me peindre, moi, peut-être, sous les plus odieuses couleurs ! Allons, ma toute belle ! il faut agir en cette circonstance : vous devez d'ailleurs demander au Prince la faveur à laquelle votre oncle Othelin aspire. Montrez cette lettre à Henri, et vous verrez avec quel zèle il vous prouvera son amitié parfaite. »

— « Mais, ma tante, reprit Louise, surprise de tout ce qu'elle entendait, et ne pouvant intérieurement l'expliquer d'une manière satisfaisante, ne sera-ce pas compromettre le baron de Blomental ? » — « Eh ! quand cela serait ? voilà un bien grand malheur ! Devez-vous épargner qui aspire à vous perdre ? Ce serait une vraie folie; eh ! ma chère, il ne faudrait pas vivre à la cour, si vous vous conduisiez d'une autre manière. »

Louise, aveuglée par les conseils de sa tante et ce que lui mandait un grave ecclésiastique, poussée d'ailleurs par sa colère contre Léopold, fut plus facile à persuader qu'elle ne l'eût été dans une position différente ; aussi la Comtesse laissa éclater toute sa joie, et remit hardiment ses intérêts entre ses mains. Elle la laissa se préparer à recevoir le Prince, et elle fut conter au baron de Worms et à Wilhelmine les détails contenus dans la lettre du chanoine. Ce trio se félicita du mauvais succès qu'avait eu la démarche imprudente du Grand-

Échanson « J'admire, disait la Comtesse, sa sottise ! Ne savait-il pas que le Chanoine de Magdebourg était ecclésiastique et grand seigneur ? »

CHAPITRE XLVII.

*Dans le precipice,
Ouvert sous ses pas,
La pauvrette glisse*
LA PRISONNIERE *opera*

CEPENDANT Louise demeurée seule, commençait à perdre une partie de la hardiesse que sa tante lui avait donnée : elle craignait de ne pas obtenir du Prince tout ce qu'elle devait lui demander, et il semblait qu'on présumait trop de son influence. Dans le temps que le souvenir du perfide Léopold, qu'elle ne pouvait oublier et qu'elle s'accusait peut-être d'avoir traité trop rigoureusement à la dernière soirée, l'occupait complétement, on annonça le Prince, et immediatement après, il parut.

« Se peut-il, Mademoiselle, qu'une assez heureuse circonstance vous engage à me demander un entretien ? Deviez-vous penser que je vous appellerais auprès de moi en audience publique ? Certes ! pour en agir ainsi, il me faudrait être ennemi de mon plaisir ! Je me rends à vos ordres, et je suis prêt à recevoir l'honneur de vos commandemens. » — « Je savais bien, répondit Louise confuse de tant de galanterie, que votre Altesse avait des bontés pour moi; mais je croyais remplir mon devoir en me rendant chez vous, comme le respect et les convenances l'exigent : je n'avais alors qu'une demande à vous faire ; maintenant j'ai une autre grâce à obtenir de vous. »

— « Parlez, Mademoiselle, faites-moi connaître ce qui peut vous intéresser. Ce sera désormais la chose dont je m'occuperai le plus volontiers. »

— « Madame de Sebendal est au désespoir de vous avoir déplu ; elle redoute de perdre votre bienveillance, et c'est à son sujet que je voulais vous entretenir. » —

— « Je me flatte qu'elle ne vous a point chargée de me communiquer son refus de me rendre la jeune personne enlevée par son fils ou par quelqu'un de sa famille ? »
— « Non, Monseigneur, elle n'a pas cette présomption. le bienheureux objet de votre sollicitude ne tardera pas à revenir à la résidence. Je dois seulement vous faire connaître les motifs qui ont porté ma tante à vouloir éloigner, pour un temps, cette jeune personne. »

Alors Louise, dans la bonne foi de son âme, raconta au Prince ce que la Dame d'honneur lui avait dit: elle chercha à rendre l'action sous le jour le plus favorable, et elle excusa de son mieux madame de Sebendal. Dans tout ce que débita l'Orpheline, le Prince ne vit qu'une seule chose, c'est que Louise paraissait piquée de l'intérêt qu'il prenait à mademoiselle Meisberg, et cette méchante humeur lui parut la preuve qu'il n'etait pas indifférent à Louise ; aussi s'empressa-t-il de lui répliquer.

« Dans tout ce que fait madame de Sebendal, je dois reconnaître la supériorité de son génie. J'admire avec quelle sagacité elle vous a remis le soin de plaider sa cause; j'aurais à me plaindre de la manière imprudente avec laquelle on a abusé de mon nom, de l'enlèvement, de la détention arbitraire dont il s'agit; mais puisque vous intercédez pour le coupable, son crime ou sa faute est oublié; je ne lui demande pour son chatiment que de bien traiter la jeune personne lorsqu'elle sera de retour. Je crois même qu'alors, et quand la Comtesse aura mieux appris à la connaître, elle éprouvera une vive confusion de l'indigne traitement dont elle l'a rendue la victime. » — « Je ne doute pas qu'elle ne soit désespérée de vous avoir deplu; mais j'aurais peine à croire qu'une fille perdue pût lui inspirer du regret, à moins que M. de Reich, en l'élevant au rang de son épouse, ne lui rende l'honneur qu'il lui a enlevé. »

A ces paroles, le souvenir de ce que madame de Sebendal avait dit la veille au prince, de l'attachement de Léopold pour la

Fille d'honneur, revint se placer dans la mémoire de l'Altesse ; il craignit, malgré les assurances qu'on lui avait données, que Louise ne partageât un peu cette tendresse ; et un secret mouvement de jalousie s'éleva dans son âme. Il eût pu, sans doute, laisser croire à l'Orpheline qu'une passion désordonnée unissait Adèle et Reich ; mais il avait l'âme trop grande pour sacrifier la réputation de sa sœur à son avantage personnel ; aussi s'empressa-t-il de répondre :

« Je ne sais pourquoi, mademoiselle, votre tante a voulu vous faire partager son aveuglement ; c'est à tort, je vous le jure, qu'elle se représente mademoiselle Meisberg comme abandonnée au vice le plus méprisable. Son cœur peut en secret éprouver un doux sentiment pour mon ami, je puis moi-même former le projet de les unir ensemble, sans que, pour cela, leur conduite soit répréhensible en quelque point. Cette jeune personne persécutée par le malheur est issue du sang le plus illustre ; sa place à l'avenir sera marquée auprès du trône, et je regarderais adressés à moi les outrages auxquels elle serait en butte; c'est, je pense, vous en dire assez, et vous pouvez le répéter à votre parente Il me serait doux de voir se conclure un mariage entre deux êtres qui me sont chers, et je me flatte d'y parvenir, à moins que Léopold, avec qui vous avez été élevée, plus heureux que ses nombreux rivaux, ne soit arrive jusqu'à parler à votre âme; alors..... »

— « Qui, moi, l'aimer ! ah ! votre Altesse me fait injure, je l'abhorre, et je ne le chérirai jamais. » — « Vous me le dites, mademoiselle, avec un tel emportement, que vous me feriez presque croire le contraire. » — « Non, Monseigneur, ne le pensez pas; je désire le bonheur de mon ancien ami, il le trouvera sans doute avec l'épouse qu'il s'est déjà choisie. » — « Imitez une partie de son exemple . je vous offre une sincère, une parfaite amitié; accordez-moi ce que je désire, le bonheur de trouver en une personne de votre sexe cet attachement, cette confiance dont un souverain a tant besoin, et qu'il ne rencontre presque jamais. »—« Il me serait difficile d'être votre amie, dit Louise en essayant péniblement de sourire quand son cœur était déchiré ; n'en avez-vous pas une dont les titres sont plus grands que les miens ? Et de quel œil la marquise Albini souffrirait-elle qu'on lui enlevât une partie de votre âme, quelque différence, d'ailleurs, qu'il se trouvât entre les deux genres d'affection. »

— « Je ne vois pas, belle Louise, ce que la Marquise pourrait avoir à dire si vous m'accordiez votre amitié. »—«Mais, à mon tour, Prince, oserai-je vous répondre que je ne serais jamais assurée de vous inspirer un pur sentiment, tant que cette femme, en vous aliénant le cœur de vos sujets par son inconcevable tyrannie, ferait valoir les droits de son amour pour combattre ceux que me donnerait votre amitié? »

Ici le prince revint à croire que l'ingénuité de mademoiselle d'Hertal pouvait être en partie jouée, car enfin elle semblait mettre son attachement au prix du renvoi de la Marquise. Quelque lassitude qu'il eût de son long commerce avec Fiorina, quel que fût son désir de se séparer d'elle, néanmoins, vaincu encore par la force de l'habitude, il avait de la peine à la faire partir aussi brusquement; sa réponse se ressentit de l'indécision de son âme; il protesta cependant à Louise qu'il croyait lui pouvoir affirmer le désir formé par la Marquise d'aller passer quelque temps sur les bords enchanteurs de la mer Ligurienne. « De cette manière, lui dit-il, je pourrai secouer mon esclavage, sans me rendre coupable d'ingratitude. »

« Je vous approuve, Monseigneur; mais les projets que vous formez pour le bien de votre peuple ne seront-ils pas retardés par des événemens dont vous ne vous doutez pas encore. Cette femme à laquelle je reviens, car le soin de votre gloire m'occupe, trame des complots pour écarter de vous ceux qui, comme moi, voudraient vous faire lire dans vos véritables intérêts; elle a séduit mes parens les plus proches pour m'écarter de votre cour. Votre Grand-Échanson, mon propre tuteur, a été joué par son adresse. La preuve en est dans cette lettre que madame de Sebendal m'a conseillé de mettre sous vos yeux ; vous y verrez en outre quelle est la seconde faveur que je devais vous demander ; je laisse à votre bienveillance le soin de décider si vous pouvez ou non me refuser. »

Louise, sans se douter de tout le pouvoir qu'elle allait donner au Prince sur elle, lui présenta l'epître du Chanoine, comte de Magdebourg. Henri la prit et s'empressa de la lire. Louise s'aperçut qu'il la recommençait une seconde fois, et qu'un sourire moqueur venait errer parfois sur ses lèvres. « Voilà, mademoiselle, lui dit-il, une pièce dont j'espère faire sous peu mon profit. Je suis completement éclairci, et je vois les indignes manœuvres qu'on ne craint pas de faire agir autour de moi ; je ne tarderai pas à en confondre les auteurs. Remerciez de ma part votre oncle, il pense bien, et vous pouvez lui annoncer que sa naissance et mon amitié pour vous lui assurent la grâce qu'il sollicite ; mais, en même temps, vous lui ferez savoir que je ne suis pas accoutumé à voir mes amis recourir dans leurs besoins à d'autres qu'à moi ; je sais à quoi le noble sentiment de l'amitié m'engage, et dès ce moment je dois me charger du soin de votre maison : vous voulez le départ de la Marquise, vous serez servie avant peu selon vos souhaits, et la foudre tombera sur ceux qui ont voulu vous éloigner de ma présence. »

— « Ce serait trop, s'écria Louise ; je ne demande pas à votre Altesse la punition de mes ennemis, je voudrais encore moins devoir à ses bienfaits mon existence : ce serait me confondre avec la Marquise, et l'amitié n'exige pas tout cet éclat. » — « Votre oncle, qui est un homme de poids, vous dit de vous laisser conduire par madame de Sebendal ; adressez-vous à elle, et sa réponse vous dictera comment vous devez agir. Adieu, mademoiselle, plus je vous vois et plus j'attache de prix à votre dévouement. »

En parlant ainsi, le Prince saisissant la main de la Fille d'honneur, y déposa un baiser passionné, et se retira en laissant éclater dans ses yeux la joie qui s'élevait dans son âme.

Louise n'était pas aussi satisfaite, elle éprouvait malgré elle un mécontentement intérieur dont encore elle ne pouvait parvenir à se rendre compte. Une première réflexion la porta à se demander pourquoi le nom de la princesse Amélie n'était jamais mêlé à tous ces entretiens. Elle se rappela que le Prince, dans la conversation, avait paru jaloux de Reich ; et l'amitié devait-elle se montrer autant ombrageuse ; également encore, elle réfléchissait à la volonté témoignée par l'Altesse de vouloir lui monter une maison. Malgré l'éloignement absolu où Louise avait vécu des usages du monde, jusques au moment où elle était arrivée à la résidence, il lui restait assez de bon sens pour être étonnée de cette façon particulière de faire éclater le plus simple des sentimens. D'un autre côté, jugeant les autres par ses vertus, elle rougissait de soupçonner un souverain si bienfaisant, et d'outrager, sans doute, et la sœur de sa mère, et le frère de son père.

L'honneur de leur nièce, pensa-t-elle, doit leur être cher, à l'égal du leur ; ce sont de bons parens, je puis me laisser conduire ; ils ne voudraient pas me voir exposée au mépris qui pèse sur cette Italienne. Elle avait pareillement senti le long abandon du comte Othelin, et elle n'était pas insensible à la petite vanité de lui rendre un service auquel il paraissait attacher tant de prix. Cette vengeance était celle d'une belle âme, et il ne pouvait s'en trouver de supérieure à celle de notre héroïne. sa tante ne la laissa pas long-temp seule ; elle avait trop d'impatience de connaître ce que Louise pouvait avoir obtenu. Sa satisfaction fut grande quand elle reçut l'assurance que le Prince ne conserverait contre aucun ressentiment de son imprudence ; mais comme ici-bas rien n'est parfait, cette satisfaction fut mêlée de quelque depit, lorsque la Fille d'honneur lui fit part de la manière dont l'Altesse s'etait expliquée à l'égard de mademoiselle Meisberg. La Comtesse se fit, à plusieurs reprises, expliquer les propres paroles dont le prince s'etait servi, et chaque fois elle répetait avec amertume cette phrase : « *Sortie du sang le plus illustre, désormais sa place sera marquée auprès du trône.* »

« Ah! si je l'avais su! funeste précipitation, elle me nuira peut-être tout le reste de ma vie; mais, Louise, n'avez-vous pas cherché à pénetrer ce mystère? Vous eussiez dû, profitant de ses bonnes dispositions, lui demander une confidence tout entière. Et vous êtes certaine qu'il destine cette demoiselle à monsieur de Reich. Voilà un jeune homme qui ne pourra pas se plaindre de ses débuts dans le monde; favori tout à la fois du premier ministre, appui de celui-ci auprès du Prince, dont il se trouve l'ami; epoux très-prochainement d'une personne *dont la place désormais sera marquée auprès du trône.* C'est bien là rencontrer la fortune sans s'occuper à la chercher, tandis que nous, qui prenons tant de peine, nous ne pouvons nous flatter de parvenir à la fixer entièrement. J'ai eu tort, je le vois, de rompre aussi brusquement avec monsieur de Reich ; mais etait-il convenable qu'il s'avisât de montrer de la passion pour vous, et qu'il négligeât en même temps de me faire connaître ses avantages ? On eût pu causer avec lui, s'entendre...... Hélas! on ne peut jamais songer à tout. »

Le discours de la Comtesse étonna singulièrement Louise ; l'incohérence des propos, ce qu'ils paraissaient vouloir faire entendre, la surprit par-delà toute expression. Elle crut demêler le regret de ne pas avoir tiré parti de la passion d'Édouard, pour celle qui naguère etait traitée de petite malheureuse, et de l'attachement de Leopold pour elle-même ; ceci commença à faire tomber le voile qui était devant ses yeux, quoique cependant elle ne voulût en faire rien paraître. Toujours occupée de Léopold, convaincue qu'il serait l'époux d'une autre, elle se livrait à des mouvemens intérieurs de désespoir dont ne s'apercevait pas la Dame d'honneur, tout occupée à lui faire subir son interrogatoire. Louise lui apprit encore la colère que le Prince avait laissé éclater en lisant la lettre du chanoine de Magdebourg contre l'Italienne et sa cabale, et les menaces qu'il leur avait faites. A ce récit, la physionomie de la Comtesse devint triomphante; elle parut charmée de la faveur accordée au frère de monsieur d'Hertal; mais elle ne chercha pas non plus à cacher son allégresse, quand l'Orpheline l'instruisit des singulières promesses que l'Altesse lui avait faites.

« Cela ne doit pas vous étonner, mon enfant, lui dit la Dame : un souverain n'agit pas comme un homme ordinaire; ses favoris doivent être comblés de ses dons; s'il en était autrement, on aurait lieu de le taxer de mesquinerie ou d'avarice. Voyez sa conduite envers monsieur de Reich ; dès qu'il l'a eu appelé auprès de lui, il l'a décoré du grand cordon de son ordre. Il fera pour vous ce qu'on peut faire pour une personne de votre sexe ; il vous donnera des chevaux, des valets, un riche appartement, de fortes sommes pour satisfaire votre humeur bienfaisante ; alors toute la cour verra combien il vous distingue, et vous serez la souveraine de ceux qui aujourd'hui sont vos égaux. »

« Mais, ma tante, il me semble que la princesse aura lieu de se plaindre de moi ; elle me comble des marques de sa bienveillance, et nous ne lui avons jamais parlé de l'amitié que son époux me montre ; si elle allait s'en alarmer, et si, voyant la Marquise renvoyée, elle croyait que je vais occuper sa place. » — « C'est là, ma chère, parler comme un véritable enfant ; devez-vous répondre de ce que pensera la Princesse ? elle vous traite bien, c'est à merveille ; mais vous vous devez avant tout à vous et aux vôtres. Il est hors de doute que de nouvelles intrigues se formeront contre vous ; on cherchera à la prevenir, à semer de sottes inquiétudes dans son esprit sur votre compte ; alors peut-être y parviendra-t-on, et elle vous traitera avec une rigueur inconvenante. Faudra-t-il pour cela vous arrêter ? Non, sans doute : forte de la connaissance parfaite que vous aurez de vos bonnes intentions, vous poursuivrez votre route, et plus assurée chaque jour de votre ascendant sur le Prince, vous ferez du bien, et vous serez la véritable Princesse en dépit des complots et des jaloux. »

Cette morale de plus en plus paraissait extraordinaire à la Fille d'honneur, et sa perplexité en augmenta; mais à qui pouvait-elle confier le trouble de son âme et l'embarras où se trouvait sa vertu. Toutes les femmes qui l'entouraient pensaient comme la Comtesse : la seule qu'elle eût pu consulter, son ancienne amie Hélène de Schullestein, venait de se marier tout nouvellement à un jeune baron, dont les terres touchaient celles d'Obernoff, et, heureuse avec un époux de son choix, Hélène ne venait pas à la résidence. Sa mère attendait chaque jour le résultat des promesses de madame de Sebendal ; elle approchait du moment où son meuble serait enfin terminé, et elle attendait l'époque du mariage du baron Charles avec Louise, pour montrer son chef-d'œuvre à la princesse Amélie ; tandis que le comte d'Altorn, heureux au milieu de sa galerie de portraits où figurait enfin le chevalier Othon le Hardi, voyait avec moins d'impatience le retard d'une union à laquelle il ne songeait presque plus.

CHAPITRE XLVIII.

◇

Combien la fortune se joue
Des mortels a ses lois soumis,
Ils sont aujourd'hui dans la boue,
Et demain sur la pourpre assis
Recueil des *Jeux Floraux*

◇

Adèle, dans le château où on l'avait renfermée, s'abandonnait de son côté à de tristes réflexions ; vainement cherchait-elle, en scrutant toute sa vie, à trouver la cause de son malheur ; elle ne pouvait y parvenir : moins elle se sentait coupable, plus elle redoutait la prolongation de sa captivité ; car, avec l'infortune, elle commençait à apprécier l'injustice des hommes. Elle se leva tristement du lit où elle avait si mal sommeillé, et profitant de la clarté du jour elle jeta un coup d'œil, sur sa demeure; les croisées de la chambre qu'elle habitait donnaient sur une vaste cour environnée de tous côtés de hautes murailles derrière lesquelles on voyait s'élever les arbres de la forêt ; tout présentait un lieu tranquille, et où devait passer de lugubres momens celui qu'y retenait la vengeance ou un juste châtiment. Pour elle, dont l'âme était étrangère à toute coupable pensée, elle avait la certitude qu'elle n'avait pu entrer dans cette prison que par une machination perfide.

Tandis qu'elle rêvait ainsi douloureusement, la concierge vint lui apporter à déjeûner et lui demanda avec assez de douceur comment elle avait passé la nuit. Adèle lui répondit avec civilité, ce qui lui valut la permission d'aller se promener dans la cour lorsqu'elle en aurait envie. Mais l'Orpheline n'était pas pressée de prendre ce divertissement; cependant, dans l'après-dînee, la dame Marianne lui ayant répété la même invitation, elle consentit à la suivre. « Je gage, lui dit la vieille femme, que vous commencez à vous bien trouver ici ; rarement on rencontrerait prison plus agréable ; aussi ne met-on dans celle-ci que les personnes dont on n'a pas trop à se plaindre, mais dont en même temps on veut prolonger la détention. » — « Je suis donc en ce cas, s'écria douloureusement Adèle consternée d'une pareille confidence ; eh ! quel crime ai-je pu commettre pour m'attirer un semblable traitement ?»

« Je ne saurais vous le dire, car on ne m'en a rien appris ; tout ce que je sais, c'est qu'on vous accuse de beaucoup de choses, et vous pourriez bien, avec votre air innocent, avoir trempé dans quelque complot attentatoire à la sûreté de l'Etat. » Malgré sa douleur, Adèle ne put s'empêcher de sourire en écoutant le genre de forfait que lui supposait la concierge ; elle ne douta pas que si elle était interrogée, elle ne se justifiât facilement d'une pareille inculpation.

Dans le temps qu'elle conversait ainsi

avec dame Marianne, on entendit la cloche placée à la grande porte du château, qu'on agitait violemment. « Voici, dit la concierge, de nouveaux détenus qu'on nous amène ; rentrez, mademoiselle, dans votre appartement, je ne tarderai pas à vous y aller rejoindre. Adèle lui obéit, ne doutant plus qu'elle ne fût dans une prison d'État, et de nouveau elle se livra à son chagrin amer; elle était à peine remise de son émotion, car son cœur s'était serré en apprenant la venue de quelque infortuné comme elle, lorsque la concierge entra chez elle.

« Allons, allons, Mademoiselle, préparez-vous à partir tout de suite, on ne veut pas vous faire languir, et vous êtes mandée à la résidence. » — « Et savez-vous, répondit Adèle, tout à la fois contente et effrayée, ce qu'on peut encore me vouloir. » — « Je n'en ai nulle idée, à moins que ce ne soit pour vous interroger, et, dans ce cas, vous aurez le moyen de vous défendre. Cependant, si j'en crois mes pressentimens, vous pouvez concevoir un heureux résultat de ce voyage, car on m'ordonne de vous accompagner, et l'on n'est pas dans l'usage de traiter aussi favorablement ceux des prisonniers dont on veut resserrer les chaînes. » — « Et quand partirons-nous? » — « Dès que la voiture sera prête et les chevaux attelés; vous n'avez pas un moment à perdre pour rassembler votre linge, je vous conseille de l'emporter, car il se pourrait bien que par une faveur particulière vous vinssiez à recouvrer la liberté. »

Ces paroles consolantes produisirent leur effet, Adèle voulut se livrer à l'espérance, et elle se hâta de faire sa malle, tant il lui tardait de quitter ce ténébreux séjour. Peu de temps après elle descendit; un valet porta ses effets les attacha sur la voiture, et immédiatement le postillon donna le signal du départ. Adèle remarqua les attentions suivies que lui prodigua sa compagne; elle en était traitée avec des égards où l'on démêlait quelque nuance de respect, et plus l'Orpheline y réfléchissait, et plus la chose lui paraissait extraordinaire. Le conducteur, prenant une route plus directe, arriva à un relais de poste où on changea de chevaux, et on continua rapidement le voyage. On l'avait entrepris aux environs de la nuit, et ce ne fut que dans la journée suivante que la résidence se présenta aux yeux d'Adèle. A cette vue, elle éprouva une joie inexprimable, et jetant ses regards de tout côté, elle cherchait à rencontrer ceux de Léopold ou du comte de Sebendal. Bien assurée alors de n'avoir plus rien à craindre si elle était aperçue de l'un ou de l'autre, mais la fortune ne le permit pas. L'un de ces jeunes gens portait dans une contrée lointaine sa tendresse et son désespoir; l'autre, également chagrin de la rigueur de mademoiselle d'Hertal, travaillait dans le moment avec le Ministre.

La voiture en entrant dans la ville se dirigea vers le palais du Prince, et s'arrêta sous le vestibule où dame Marianne engagea Adèle à mettre pied à terre. « Où me conduisez-vous, disait l'Orpheline ; ceci n'a pas l'air d'une prison, ou du moins j'ignorais qu'il s'en rencontrât dans la demeure du Souverain. » — « Soyez tranquille, Mademoiselle, je ne crois pas que la prison ou je vous mène vous cause un grand effroi. »

En parlant ainsi, dame Marianne, traversant plusieurs passages secrets, arriva dans l'appartement de la Dame d'honneur, et ayant laissé Adèle dans le salon de compagnie, elle entra pour annoncer à mademoiselle de Worms et à la Comtesse que leurs ordres étaient exécutés. Adèle, parcourant les décorations magnifiques du lieu où elle se trouvait, vit avec une inexprimable surprise un portrait que son cœur ne put hésiter à reconnaître, celui d'Édouard. En même temps une autre terreur s'éleva dans son âme, elle craignit de se trouver au pouvoir d'un amant audacieux, et cette pensée ajouta à sa tristesse naturelle ; elle se plongeait dans de pénibles réflexions, lorsque la porte du salon s'ouvrit ;

émue du bruit qui se faisait, elle se leva precipitamment du siege qu'elle avait pris, s'attendant à voir paraître le Comte; elle fut détrompée à la vue de deux jeunes personnes de son âge qui s'avancèrent vers elle, c'etaient Louise et Wilhelmine; elles se trouvaient avec madame de Sebendal, alors que dame Marianne etait arrivée, et poussées par un sentiment de curiosité elles avaient désiré être chargées d'annoncer à l'Orpheline son changement de position.

D'autres intérêts les amenaient encore : Louise voulait voir les traits de la femme qui rendait Léopold infidèle, et Wilhelmine également souhaitait de connaître celle qui avait su captiver l'insensible Édouard. A l'aspect d'Adèle, toutes les deux demeurèrent frappées de sa singulière ressemblance avec le prince Henri, et ce rapport de physionomie leur donna sur-le-champ la connaissance d'une partie de la vérité. Wilhelmine, malgré sa haine pour Adèle, n'osa pas la laisser éclater, et, en digne fille de courtisan, elle lui parla en ces termes :

« Je suis chargée, Mademoiselle, par la comtesse de Sebendal, dame d'honneur de la Princesse régnante, à laquelle mademoiselle d'Hertal et moi sommes attachées, de vous faire ses excuses si elle ne vient pas vous recevoir elle-même. Ayant appris que, par une audace sans exemple, des insensés vous avaient privée de votre liberté, et ayant le moyen de vous la faire rendre, elle a sur-le-champ donné ses ordres en conséquence, et vous en avez ressenti les effets. Elle ignore quels nœuds vous attachent à notre auguste Souverain, mais c'est en son nom qu'elle vous prie de vouloir demeurer chez elle. Le prince Henri lui a commandé de vous recevoir, et c'est avec plaisir qu'elle a obtempéré à cette injonction Elle va prévenir son Altesse de votre arrivée, et je ne doute pas qu'elle ne vienne en personne vous confier des secrets qui ne nous sont pas révélés. »

Si jamais Adèle avait éprouvé une grande

surprise, elle était bien surpassée par celle qui, dans ce moment, naissait dans son cœur. Passer tout à coup du rang de prisonnière à une liberté absolue ; amenée dans l'appartement de la mère du comte de Sebendal ; s'entendre dire que le Souverain s'intéresse particulièrement à elle, tout cela etait bien propre à étonner une tête plus froide : aussi eut-elle besoin d'un peu de temps pour se remettre, et pour remercier Wilhelmine ; elle s'en acquitta avec une grâce infinie et assura qu'a part l'inquiétude qu'avait dû lui causer son enlèvement, elle n'avait qu'à se louer des égards qu'on avait eus pour elle. Mademoiselle de Worms, reprenant la parole, lui demanda si elle etait fatiguée, et si elle n'aurait pas envie de passer dans l'appartement qui lui était destiné ? « Je serais charmée, reprit Adèle, de prendre un peu de repos ; mais avant tout, Mademoiselle, je voudrais rassurer sur mon compte un frère qui m'est bien cher, et apprendre à M. de Reich que je lui suis enfin rendue. »

Ce propos si naturel fut néanmoins percer le cœur de la pauvre Louise : indignée de la manière effrontée dont, selon elle, cette jeune fille proclamait son attachement pour Léopold, elle pâlit et rougit successivement à plusieurs reprises, et, sans vouloir rien dire, s'elança hors du salon, suffoquée par sa colère et par les larmes qui lui échappaient. Adèle, toute préoccupée de ces nouveaux évenemens, fit à peine attention à cette fuite ; il n'en fut pas de même de Wilhelmine, qui ressentit une secrète joie du malheur et des chagrins de sa compagne ; puis, s'adressant à Adèle : « Voilà, lui dit-elle, un secrétaire où vous trouverez ce qui est nécessaire pour transmettre votre désir, et un valet de pied s'empressera de porter ce billet à son adresse. » Adèle, la priant de l'excuser, ne perdit pas de temps :

« Cher Léopold, ecrivit-elle, une main
» mysterieuse vous avait ravi votre sœur;
» un prodige plus etonnant va vous la ren-
» dre. Venez en toute hâte me retrouver :
» j'habite le palais du Prince régnant ; je

» suis chez la comtesse de Sebendal. Ah !
» que de choses je vais vous apprendre, et
» qu'il tarde à mon cœur de vous retrou-
» ver ! »

Wilhelmine qui, sans avoir l'air de rien remarquer, avait lu le billet en se penchant derrière l'Orpheline, sonna un domestique, et lui enjoignit d'aller sur-le-champ porter cette lettre à son adresse. Ce soin rempli, elle engagea Adèle à la suivre, et la conduisit dans un riche appartement où elle trouva des gens à la livrée du Prince, et plusieurs femmes que mademoiselle de Worms lui dit avoir été retenues pour son service particulier. De plus en plus confondue par tout ce qu'elle voyait, Adèle parfois avait bonne envie de rejeter son état présent sur les illusions d'un rêve agréable, et pourtant elle finissait par se convaincre que tout, autour d'elle, était réalité. Dès qu'elle fut entrée dans sa chambre, on s'empressa de la déshabiller, et tandis qu'on la vêtissait ensuite, un valet annonça la comtesse de Sebendal.

Celle-ci n'avait pu également commander à son impatiente curiosité. Comme les deux filles d'honneur, elle se montra frappée de la similitude des traits de mademoiselle Meisberg avec ceux du prince Henri, et les conjectures de Wilhelmine devinrent les siennes : aussi chercha-t-elle par ses demonstrations affectueuses à capter l'amitié de la jeune personne. Elle lui prodigua les complimens, l'assura de sa considération particulière, et fut même jusqu'à lui dire qu'elle regrettait que l'absence du comte Édouard, son fils, le privât de l'honneur de venir lui rendre son hommage. A ce nom prononcé, Adèle sentit une vive rougeur monter sur son visage : elle n'eut garde, en ce moment, de porter les yeux sur ceux de la Comtesse ; elle les tint au contraire constamment baissés, ce qui fit deviner à madame de Sebendal la chose qu'Adèle cherchait à lui dérober.

La Dame d'honneur lui dit aussi que le Prince venait d'être averti de son arrivée, et que sans doute il ne tarderait pas à paraître : en attendant, on apporta des rafraîchissemens, et madame de Sebendal et mademoiselle de Worms firent une espèce de cour à celle dont naguère elles avaient conjuré la perte. Une heure au plus s'était écoulée après l'envoi du billet à Léopold, lorsqu'un écuyer du Prince vint dire à la Comtesse que Son Altesse était dans le salon de reception, et qu'il l'engageait à venir le trouver toute seule. A cet ordre, mademoiselle de Worms se retira. Adèle demeura dans sa chambre toute tremblante en songeant qu'elle allait paraître devant le Prince, et madame de Sebendal se rendit où elle etait appelée. A peine fut-elle sortie, que Léopold, arrivée par une autre porte, se présenta à sa vue. Adèle, transportée, poussa un cri de joie, et courut se jeter dans ses bras. Reich lui rendit vivement ses caresses, et lui témoigna toute la satisfaction qu'il éprouvait de la revoir.

CHAPITRE XLIX.

. . . . . . tempori aptari decet.
Séneque, *Médée*, act II, sc. 1
Sachons nous conformer aux circonstances

Après que Léopold et Adèle eurent passé le premier moment de leur contentement réciproque, il dit à sa sœur supposée : « Vous allez voir, ma chère amie, paraître devant vous le Prince régnant, et le comte Waldein, son premier Ministre; tous les deux ont des droits légitimes à votre affection, et je ne les ai devancés que pour vous apprendre enfin qui vous êtes. Lorsque vous me fûtes si cruellement ravie, je me rendis à votre demeure, et je cherchai à découvrir des traces de votre enlèvement. Ce fut alors que la providence m'a porté à jeter un regard sur le coffre où vous m'aviez dit que votre mère avait renfermé les papiers les plus importans qu'elle pouvait avoir; la clef, vous le savez, était perdue. Je crus devoir, en ce moment où vous étiez disparue, chercher à mieux vous connaître, afin de parvenir à augmenter les moyens de vous arracher à vos persécuteurs. La fortune me servit au de là de mon attente, car la cassette portée chez le comte de Waldein, et ouverte devant lui, nous donna la preuve inattendue que vous apparteniez légitimement à la famille la plus auguste, en un mot, que vous étiez la fille du prince Guillaume, père du prince Henri, aujourd'hui régnant, et de mademoiselle de Waldein, sœur du premier Ministre. Je ne doute pas, et je le vois au renversement de tous vos traits, que cette découverte ne vous paraisse bien surprenante; elle doit vous confondre par son éclat, mais elle est vraie. Ce n'est plus moi qui suis votre frère, c'est le Prince, notre Souverain! Souffrez que le premier je rende à vos genoux l'hommage qui vous est si bien dû!»

— « Que faites-vous, Léopold? s'écria la jeune Princesse; vous à mes pieds! Ah! cela ne doit pas être! quelque splendeur qui me soit réservée vous n'en resterez pas moins mon frère, jamais vous ne perdrez ce titre, car vous le tenez de ma pleine affection; j'avoue que mon âme a peine à se faire à tous ces événemens qui viennent fondre sur moi depuis quelques jours; on passe difficilement, sans emotion, de l'excès du malheur à une grandeur pareille. Helas! pourquoi ma triste mère ne put-elle prendre part à ma felicité? » — « Croyez, Princesse, répliqua Léopold, que du haut de la demeure céleste où elle réside, elle n'a pas été étrangère à tout ceci; n'en doutez pas, c'est son intercession qui a dirigé la marche de votre destinée. »

— « Léopold, dit Adèle, appelez-moi votre sœur, je l'exige ou plutôt je vous en prie. » — « Ma sœur sera obéie; mais cependant voulez-vous que je fasse dire à votre second frère, que vous êtes préparée à le recevoir? » Il dit, et Adèle y ayant donné son consentement, il courut appeler un page, et lui enjoignit d'aller chercher le Prince. Celui-ci ne tarda pas à paraître, suivi du comte de Waldein, et la figure d'Adèle, qui etait sa parfaite image, acheva de dissiper les doutes qui pouvaient s'élever encore dans son cœur; il courut vers sa sœur, et la serra tendrement dans ses bras, lui donna les noms les plus doux, et bientôt fit place au Comte, qui brûlait aussi du désir d'embrasser une nièce chérie.

« Eh bien! dit enfin le Prince à Léopold, seras-tu le seul qui ne témoignera pas à cette charmante personne la joie que tu dois ressentir de la revoir? »—« Je n'ai pas attendu aussi tard, reprit Léopold, à faire connaître la satisfaction que je ressentais. »
— « Ah! Prince, dit Adèle, vous ne le récompenserez jamais assez de sa conduite généreuse envers votre sœur abandonnée!

Qu'il reste toujours pour moi mon frère ! »
— « J'y consens, répliqua Henri ; mais j'aimerais mieux encore qu'il voulût devenir le mien. » Léopold et Adèle comprirent facilement ce que le Prince voulait par-là faire entendre, et leurs joues se colorèrent également. Le Prince, qui les observait, en éprouva quelque contentement, car une union pareille eût comblé tous ses vœux. Henri, par ce mariage, eut été délivré de la crainte que lui causait l'amour de Reich pour Louise, et qui toujours se présentait à son idée.

Adèle, de son côté, songeait un peu à Sebendal, et sa tendresse pour Léopold n'avait rien des transports de l'amour. Aussi se hâta-t-elle de répondre, pour détourner la conversation : « Je sens qu'il me serait impossible de le chérir davantage. » Ce n'était pas l'instant d'approfondir un pareil sujet, Henri le sentait bien. Il revint à sa sœur plus sensible encore, et lui demanda si elle ne voulait pas venir chez la princesse Amélie. « Je lui ai ce matin appris le secret de votre naissance, elle est impatiente de vous embrasser; ce soir je vous présenterai à ma cour, et vous recevrez les respects de tous ceux qui la composent. Je veux que la reconnaissance de vos droits soit entière, et que, dès demain, le premier rang vous appartienne. »

Ce n'était pas ce qui pouvait flatter le plus Adèle, dont le caractère était plus porté vers la simplicité, que vers des grandeurs dont elle n'avait nulle idée; mais elle se fit aisément une âme digne de sa fortune, et si elle fut quelquefois fatiguée des ennuis de son rang, du moins ne s'en laissa-t-elle jamais éblouir. Le Prince, en ce moment, fit dire à la Dame d'honneur qu'Adèle la quittait pour aller chez la Princesse Amélie, et que de là elle irait occuper un appartement dans la partie intérieure du palais. Cette nouvelle augmenta la curiosité de la Comtesse, elle n'osa laisser éclater le chagrin qu'elle ressentait du mystère qu'on lui faisait; car descendant en elle-même, elle y trouvait sa condamnation, et s'estimait encore fort heureuse qu'on n'éclaircît pas le rôle qu'elle avait joué.

Adèle fut reçue par sa belle-sœur avec une bonté affectueuse ; elle lui en temoigna son plaisir, et se tournant vers Léopold, qui l'avait suivie : « C'est à lui seul, dit-elle, que je dois tout. » La Princesse régnante combla de marques d'intérêt le jeune homme, et tout bas elle s'applaudit qu'un personnage d'un si beau caractère fût devenu l'ami de son époux. Celui qui était le plus heureux peut-être était le comte de Waldein ; il jouissait, dans toute la plénitude de son âme, des succès de Léopold, et le Prince, qui était dans son secret, lui souriait parfois d'un air d'intelligence. La princesse Amélie, comme nous l'avons dit, était indisposée, on abrégea la visite, et le trio, inséparable ce jour-là, conduisit Adèle dans sa nouvelle demeure, où on la laissa pour lui donner le temps de s'habiller, afin de paraître au cercle qui déjà commençait à se former.

Léopold, avant de la quitter, lui annonça de la part du Prince, que le lendemain il lui confierait le manuscrit de sa mère ; on le lui avait refusé ce jour-là, pour ne pas lui causer une déchirante et douloureuse émotion, dans un instant qui devait être consacré à l'allégresse. Tandis que la nouvelle Princesse se livrait au soin de ses femmes, la cour était tourmentée du desir d'apprendre quel était l'événement qui se preparait.

Madame de Sebendal et ses filles d'honneur en connaissaient une partie, mais elles avaient gardé un religieux silence pour se conformer aux volontés de son Altesse. La Marquise, madame d'Oppenhein, le Grand-Échanson, le conseiller d'Hermann, de leur côté, n'étaient pas sans inquietudes; le premier Chambellan lui-même, le comte Ernest de Mansdorf voyait avec un dépit extrême qu'il avait perdu la confiance de son maître, et, plus que jamais, il detestait Léopold, accusé par lui du grief, enorme pour un courtisan, de lui avoir enlevé l'amitié du Prince. Le reste des flatteurs ordinaires attendait, afin de connaître de quel côté la faveur du prince se déclarerait, pour, sur-le-champ, s'y porter en foule, selon le vieil usage de ce pays. Tout le monde était deja rassemblé, lorsqu'on vint dire au Grand-Maréchal, de la part du Prince, de faire placer un second fauteuil auprès de celui occupe par Henri. Cet ordre redoubla la surprise; on savait que l'incommodité de la Princesse ne lui permettait pas de paraître au salon de réception. Un fauteuil de plus annonçait pourtant la venue d'une personne de la famille régnante; nous laissons à penser les conjectures qui circulèrent dans l'assemblée.

Tout à coup les deux battans de la porte intérieure s'ouvrent, et l'huissier nnonce *le Prince*. A ce nom, le silence est général, chacun reste debout à sa place, et, le cou tendu, l'œil ouvert, on veut tout voir, on ne veut rien perdre. Le premier qui se présenta fut Leopold, il semblait le Souverain, tant il avait de grâce et de noblesse sous le riche costume qu'il portait ce soir-là.

Il était suivi par le premier Ministre, également en habit de cérémonie. Le Prince venait le dernier, conduisant une jeune personne d'une rare beauté, et couverte de diamans qui relevaient l'éclat de sa parure. Tous les deux s'avancèrent vers les fauteuils qu'on avait préparés, et l'on entendit le Prince dire à la jeune personne : « Ma sœur, asseyez-vous ; » car il la voyait toute tremblante. Léopold se mit auprès d'elle, posant sa main sur le dos de sa chaise ; alors le Prince promenant lentement ses regards sur l'assemblée.

« Je dois apprendre, dit-il, que cette journée m'a réuni à une sœur qui m'est bien chère. Jusqu'à ce moment des mystères d'état m'avaient engagé, et cela pour obéir aux ordres de mon très-gracieux père, à l'imiter dans le silence qu'il avait gardé sur son second mariage avec madame la comtesse Amélie de Waldein, sœur de mon premier Ministre. Maintenant que je puis me livrer à tous mes sentimens, je reconnais et nomme pour ma sœur légitime, et, comme telle, appelée à tous les droits de son rang, la princesse Adèle, connue jusqu'à ce jour sous le nom de mademoiselle de Meisberg. Je dois, en même temps, apprendre qu'elle et moi, outre l'amitié que nous portons à monsieur Léopold de Reich, nous lui devons encore une éternelle reconnaissance pour les services importans qu'il nous a rendus tant à l'un qu'à l'autre, et nous le laissons le maître de nous en demander en temps et lieux la récompense qu'il désirera, et rien ne doit l'arrêter dans ses vœux; il nous sera toujours doux de les combler. » Une déclaration si inattendue produisit son effet; chacun s'empressa, quelle que fût son opinion secrète, de ne montrer que de la joie; on brigua sur-le-champ l'honneur d'être présenté à la nouvelle Princesse, et Henri s'adressant à Ernest : « Comte de Mansdorf, nommez ici, dit-il, les seigneurs et les dames à la princesse Adèle. »

Il lui fallut prendre ce soin, tandis que son cœur était dévoré d'une rage secrète.

Ce n'était pas l'apparition subite d'une femme qu'il ne connaissait pas, qui pouvait tourmenter son âme, mais bien la déclaration publique du Souverain. Cette amitié, cette reconnaissance qu'il avait proclamées pour Léopold, voilà ce qu'Ernest détestait, et ce qui le rendait à cette heure le plus malheureux des hommes. Madame de Sebendal également éprouvait une peine mortelle en songeant que si elle eût attendu quelque temps, elle ne se serait pas mise dans la plus fausse des positions ; elle ne pouvait aussi réfléchir sans désespoir à la pensée que son fils, eût pu peut-être épouser la sœur de son Souverain. Oh ! comme elle maudissait sa malencontreuse précipitation qui l'avait fait agir avec tant d'imprudence ! Elle cherchait dans son imagination les moyens de parer un tel coup, et les engagemens qu'elle avait pris avec Wilhelmine qui connaissait tous ses secrets, venaient lui présenter un obstacle qui lui paraissait impossible à vaincre. Cependant, renfermant ces divers sentimens dans le plus profond de son âme, elle ne montra qu'un visage serein, et elle assura la princesse de son respect et de son devouement.

La Marquise, durant tout ce temps, se voyait presque abandonnée de ceux qui lui avaient fait jusqu'alors une cour autant assidue ; on se portait vers le nouveau soleil qui resplendissait d'un plus jeune éclat, on s'empressait auprès d Adèle, et mademoiselle d'Hertal avait bien quelque part aux hommages dus à une naissante favorite. La Marquise souffrait impatiemment cette solitude ; en vain, pour la faire cesser, elle demanda le Prince ; le Conseiller qu'elle avait chargé de cette commission revint lui dire que son Altesse ne pouvait pas quitter sa sœur. Une telle réponse exaspera l'Italienne ; elle se leva précipitamment, et, pretextant une affreuse migraine, elle se retira suivie de la seule madame d'Oppenhein, monsieur d'Hermann ayant feint de ne pas s'apercevoir de sa retraite. Ordinairement le depart de la Marquise etait un évenement, on s'empressait après elle, on lui demandait avec intérêt des nouvelles de sa santé ; ce soir-là, pour la première fois, nul ne remarqua son départ, et on la vit s'éloigner avec une indifférence telle que son âme finit d'en être abattue.

« Oui, se disait Fiorina en se rappelant le passé, la bohémienne ne m'aura pas trompée, et mon crédit décline du jour où Léopold se montra à ma vue ; que maudit soit l'instant où je l'ai retrouvé. »

Tandis que tant de gens éprouvaient de telles angoisses, Louise était loin d'être plus tranquille : la venue de la sœur du Prince, son air de familiarité avec Léopold, la tendresse que celui-ci paraissait avoir pour elle, faisaient son désespoir. Hélas ! sa modestie ne lui laissait pas la possibilité de croire qu'elle pût lutter de charmes et d'avantages avec une princesse du sang, et cette triste assurance achevait de porter l'anéantissement dans son être ; mais en même temps que la jalousie lui faisait ressentir ses poignantes douleurs, il s'élevait parfois en elle d'impétueux mouvemens de vengeance, et alors un instinct irrésistible l'entraînait à accueillir le Prince, à lui sourire, et à lui parler avec douceur.

Leopold, tout en s'occupant de sa sœur chérie, tout en jouissant de sa brillante position, ne perdait pas de vue Louise, et taxait de coquetterie ce qui n'etait en elle que le calcul du désespoir; il croyait, lui aussi, que la volage, séduite par l'avantage d'enchaîner un amant illustre, avait renoncé à ses premiers sermens; son âme en était oppressée, et plus que jamais il maudissait la cour. Cependant, lorsque la reflexion venait à son tour en lui se faire entendre, il se demandait si la vertueuse Louise pouvait partager une coupable tendresse; il s'indignait de l'outrager par un odieux soupçon; eh bien! l'instant d'après il revenait à sa première idée, et passait tour à tour de l'incertitude à la conviction.

Ce qui alors augmentait sa peine, était la presence du comte de Waldein, qui ne cessait d'examiner mademoiselle d'Hertal, et par conséquent ne pouvait méconnaître sa coquetterie et ses torts. Léopold en était désolé; la froide raison de son protecteur lui paraissait redoutable, et pour beaucoup il n'eût pas voulu le savoir aussi près en une pareille circonstance. Louise ne put jamais prendre sur elle de faire sa cour à la Princesse, elle se tint constamment dans une partie eloignée de la salle, causant avec ses compagnes et souffrant tout ce qu'on souffre en son âme quand on aime bien et qu'on se croit abandonnée. La seule Adèle, durant cette soirée, était paisible; si elle donnait parfois un soupir à l'absence d'Édouard, elle en était distraite par la multitude d'objets nouveaux qui frappaient ses regards; elle admirait ce peuple de courtisans, si servile, si génuflexible; elle ne pouvait se lasser de les entendre se vanter des qualités qu'ils ne possèdent en aucune manière, et s'assurer réciproquement de leur dévouement et de leur zèle.

Cette mobilité de physionomie, ce mélange de fierté et de bassesse, cet art de saisir les nuances d'un salut, ou d'un compliment, ajoutaient au charme que lui procurait le spectacle mouvant qui était devant elle, et elle méprisa la cour, du moment qu'elle apprit à la connaître. Son esprit était trop éclairé pour ne pas l'apprécier à sa juste valeur; elle vit que tous les hommages ne se rendaient qu'au pouvoir, que la vertu n'y était pas triomphante, et que pour obtenir la faveur il n'était pas de sacrifice qu'on ne fût prêt à faire. Henri, qui, lorsqu'il s'éloignait de mademoiselle d'Hertal, venait causer avec sa sœur, s'amusait en l'écoutant faire ses remarques naïves, pleines en même temps d'esprit et de raison.

« Hélas! ma bonne sœur ! lui disait-il ; être trompés, voilà notre lot. Dans cette foule si nombreuse on trouve un seul Léopold, le reste ne vaut pas la peine qu'on s'en occupe, mais on ne peut s'en délivrer... La nature humaine est naturellement flatteuse ou rampante. La crainte ou l'ambition, voilà les deux mobiles qui dirigent presque toutes les actions autour de nous.

Si telle est notre condition, il faut bien s'y soumettre ; vous ferez comme nous tous, et dans quelque temps, quand vous y serez accoutumée, tout cela vous semblera la chose la plus naturelle et la plus convenable. »

— « Mon frère, reprit Adèle, me permettra d'en douter. Je lui demanderai également s'il est dans l'absolue nécessité qu'une pauvre fille qui a passé la nuit à courir la poste, qui se meurt de fatigue et de sommeil, prolonge la soirée au delà de minuit, et si, dans le code de l'étiquette, il se trouve un article particulier pour ce cas. »

Cette saillie, la première que se fût permise la princesse, appela le sourire sur les lèvres de son frère. — « Non, lui répondit-il, je ne connais pas d'article aussi contraire à votre repos et à votre santé, vous pouvez librement vous retirer quand bon vous semblera, et sur ce point votre volonté ne peut trouver d'obstacle. »

— « Je vais donc en faire usage. » Elle se leva, salua l'assemblée et se retirait, lorsqu'Henri s'adressant à Léopold : mon ami, lui dit-il, ramène la princesse jusques à son appartement, il lui sera doux de poser sur toi ses derniers regards ; il est juste que son sauveur achève l'ouvrage qu'il a commencé. » Léopold se fût dispensé de cet honneur, il venait de prendre la résolution de s'expliquer avec Louise, et on choisissait ce moment pour l'éloigner. Il ne refusa pas cependant sa main à Adèle, mais il eut à peine quitté le salon, qu'Henri, fatigué comme sa sœur, passa dans son appartement, et le cercle à l'instant même fut dissous.

« Je vous félicite, Louise, lui dit la Comtesse en rentrant chez elle : votre ancien ami me semble appelé à jouer un bien beau rôle ; je voudrais pour beaucoup savoir où retrouver mon fils, il ne se doute pas de ce que lui fera perdre sa manie de voyager. » Comme mademoiselle d'Hertal n'était pas initiée dans les projets de sa tante, et que sur nul point elle n'avait sa confiance, elle ne put apprecier toute l'étendue de ses regrets ni même comprendre ce qu'elle voulait dire. Une chose la frappait, c'était le rôle brillant auquel Leopold etait appelé, et certes ce ne pouvait être pour elle une chose agréable. Elle s'empressa de rentrer dans sa chambre, et là, tout entière à ses regrets, elle passa le reste de la nuit à accuser son amant d'inconstance. Lui aussi, lui adressait le même reproche : il etait revenu à l'hôtel du Ministre avec ce dernier ; et tout le temps du voyage, le comte de Waldein ne cessa de faire l'éloge de sa nièce ; il exaltait son attachement pour Leopold, et donnait clairement à entendre que Reich pouvait pretendre, s'il le voulait, à la main de cette belle personne ; mais ce n'etait point la pensée de Leopold, elle etait toute différente. Comme madame de Sebendal, il déplorait en ce moment le depart du comte Edouard il eût voulu alors que le jeune homme se fût trouvé entre lui et Adèle ; et plus d'une fois il forma, dans son imagination, le projet de courir sur ses traces, de le joindre et de le ramener.

Le Prince lui avait recommandé de se

trouver le jour suivant au palais vers les onze heures du matin, où il voulait l'entretenir d'une affaire importante. Ceci n'occupait guère Léopold tout entier aux tourmens d'un amour agité. Ne pouvant encore se livrer au sommeil, il eût voulu se distraire de ses jalouses pensées : il employa une heure encore à écrire à son père auquel il apprit tout ce qui se passait, son élévation rapide, et les événemens extraordinaires auxquels lui, Léopold, avait pris une part si active.

CHAPITRE L.

◇

Il n'est pas de lieu ou la roue de la fortune tourne aussi inopinement qu'a la cour.
Dictionnaire des gens du monde

◇

En conséquence de l'espèce d'engagement que le Prince avait pris avec mademoiselle d'Hertal, la Comtesse et son parti s'attendait à voir s'effectuer le renvoi de la marquise Albini, et cependant la détermination qui devait le décider n'était pas encore prise. Ce retard tracassait les conjurés, avec d'autant plus de raison, qu'ils redoutaient que la venue de la nouvelle princesse ne changeât les intrigues de la cour. Madame de Sebendal ne pouvait néanmoins méconnaître que le sentiment du Souverain pour Louise n'augmentât chaque jour. Il n'avait causé qu'avec elle seule dans la soirée précedente, et sa conduite, en cette circonstance, avait occasioné la fuite de Florina, depart dont la Dame d'honneur avait su apprécier toute l'importance. Cela ne la satisfaisait pas; elle voulait plus encore : aussi le lendemain de cette memorable soirée, reçut-elle, avec une joie sans pareille, un magnifique présent d'etoffes et de diamans, que le Prince envoyait à son amie, mademoiselle d'Hertal; ceci parut plus concluant à la Comtesse; elle s'empressa de passer chez Louise, qu'elle trouva étrangement souffrante et surtout beaucoup changée.

« Que pouvez-vous avoir, mon enfant, lui dit-elle, et quel motif peut appeler sur votre joue cette pâleur effrayante · à votre place, je ne songerais qu'à me rejouir, vous en avez sujet; lisez, je vous en prie, ce billet, que vous adresse le plus aimable des princes; il vous prouve votre pouvoir et vos succès. » Louise s'occupait peu du Prince; elle rompit le cachet de la missive,

et y trouva ces paroles. « On croit pou-
» voir se flatter que l'amitié ne refusera pas
» l'offrande qu'elle se fait à elle-même. Je
» vous envoie, Mademoiselle, le hochet
» souhaité par le comte Othelin, votre
» oncle, et avant peu, soyez certaine que
» tous vos désirs seront pareillement com-
» bles. »

Louise lut tout haut ce billet, pour satisfaire la curiosité de sa tante; celle-ci triomphait. « Ne jetterez-vous pas un coup d'œil, ma nièce, lui dit-elle, sur les marques d'attachement de votre illustre ami. » En même temps, elle fit apporter les bijoux et les parures dont nous venons de parler. A la vue de ces magnificences, le sexe se montra seul. Louise fut d'abord éblouie, et se livra au plaisir d'admirer les étoffes de goût et les diamans qu'on lui offrait avec tant de grâce. « Allons, allons, dit la Comtesse, il faut vous parer ce soir de toutes vos pierreries; le Prince aurait lieu de se plaindre, si vous paraissiez dédaigner ses dons. »

Wilhelmine, qui entra dans ce moment, s'exprima comme la Comtesse, tout en déplorant, dans son lâche cœur, de n'être pas celle que de pareils cadeaux déshonoraient. Elle félicita sa compagne sur le crédit qu'elle allait acquérir, et lui recommanda de ne pas négliger de parler souvent d'elle au Prince. Louise eût dû reconnaître dans cette prière toute la laideur du vice; mais éblouie aussi momentanément, elle ne pensait pas que de semblables cadeaux annonçaient plus qu'une amitié désintéressée. Elle ne voyait pas, l'infortunée! qu'elle allait les payer de sa propre vertu! O vanité fatale ! ô triste amour du sexe pour ces odieuses futilités. C'est ainsi que, presque toujours, il se précipite à sa perte; et la femme que la crainte de la mort ne conduirait pas à son infamie, y court gaiement pour les misères fastueuses auxquelles elle a le malheur d'attacher la plus condamnable importance.

Le reste de la journée se passa pour Louise dans une suite de distractions perpétuelles; et quand le soir arriva, elle fut presque la première à songer qu'il était temps de commencer sa parure. Ses femmes de chambre, car dès ce jour la Comtesse avait pris soin de former la maison de la malheureuse orpheline, relevèrent en elle, par le savant appareil d'une toilette ingénieuse, le charme naturel de ses attraits ; la robe la plus somptueuse, parmi celles envoyées par le Prince, fut choisie ; on plaça sur sa tête, à son cou, à ses oreilles, autour de ses bras, les plus superbes diamans contenus dans la corbeille. Louise était éblouissante ; elle fut au salon de sa tante, où celle-ci se trouvait avec Wilhelmine, et toutes les deux, par un concert unanime d'éloges, augmentèrent à l'envi l'enivrement de la Fille d'honneur. On parlait de partir, quand tout à coup la porte du salon venant à s'ouvrir avec impétuosité, on vit paraître Leopold de Reich, pâle, et portant le desespoir empreint sur sa belle figure.

Ici, nous devons reculer pour un moment,

et reprendre les événemens qui s'étaient passés durant cette même journée. Léopold, comme nous l'avons dit, avait reçu la veille, du Prince, l'invitation de venir au palais dans la matinée ; il fut exact à s'y trouver. Ernest l'avait déjà devancé ; il causait avec le Prince, lorsque Léopold se présenta, et à l'aspect de ce dernier, il fit mine de vouloir se retirer. « Non, comte de Mansdorf, lui dit Henri, je vous prie de ne pas vous éloigner. Je ne suis pas fâché que vous entendiez ce que je vais dire à votre ami ; vous serez le témoin d'une résolution qui me coûte, et à laquelle je n'ai consenti qu'après de rudes combats. Avant tout, premettez que j'expédie une légère affaire. »

En parlant ainsi, il s'approcha d'une table sur laquelle était posée la corbeille renfermant les cadeaux destinés à Louise, et ayant fait venir un page, il lui commanda de la porter à mademoiselle d'Hertal. A cet ordre funeste, Léopold éprouva un frisson qui parcourut rapidement tout son être. Il ne lui était plus permis de douter que

Louise ne se fût vendu, car le prix etait sous ses yeux. Il s'appuya contre le marbre de la cheminée, tant il se sentit affaibli, et, plus d'une fois, dans la rage dont il était devoré, il forma le projet de demander raison à Henri, de ce qu'il regardait comme un outrage Rappelant toutes les forces de son âme, invoquant le secours du mépris, il chercha à se contenir. Mais il se fit la promesse solennelle de quitter promptement une cour où il aurait sans cesse devant lui un spectacle propre à déchirer son âme.

Henri, nous devons l'avouer, n'était point parfait : instruit par la Comtesse de l'amour de Léopold pour mademoiselle d'Hertal, il eût dû ne point l'affliger par ce qu'il venait de dire ; mais il ne le croyait pas aimé : il se complaisait dans la pensée que ce serait peut-être le moyen de le guérir ; d'ailleurs, il était prince, et, malgre lui, il s'imaginait être parfois superieur à ceux que la nature ou plutôt le cours des choses avaient faits ses sujets. La corbeille emportée, le Prince revint aux deux assistans; il prit sa place et invita Léopold et Ernest à s'approcher de lui, et ceci fait, il regarda particulièrement Mansdorf avec assez d'embarras, et se decida enfin à parler.

« Chaque jour, je m'éloigne davantage de ces époques de folie où le délire de l'âge conduit nos sens, plus d'une fois mon âme s'est représentée le vide de ces liaisons réprouvées par la vertu et les convenances sociales. Vous m'avez connu, l'un et l'autre, à l'époque où, séduit par les charmes de la jeune Albini, je lui jurais une tendresse dont ma vie serait le terme. Depuis ce moment, engagé dans les nœuds d'un hymen respectable, époux d'une femme autant estimable que belle, j'ai méconnu ce que je lui devais; j'ai oublié que, par mon rang, il me fallait donner l'exemple à mon peuple; et Fiorina, amenée à ma cour, établie dans mon palais, a pris la place qui ne lui appartenait pas. Je ne puis me dissimuler que, de toutes parts, éclatent de violens murmures. on se plaint avec quelque raison, peut être, de l'influence que cette dame exerce sur moi ; elle a souvent prêté son crédit à ceux repoussés par l'opinion publique, et je ne suis pas venu à ce jour sans m'être reproché plus d'une fois ma condescendance à ses caprices, ma facilité à élever les hommes de son choix. Ce n'est pas tout encore : je sais que, non contente de son prodigieux ascendant, elle veut le pousser plus loin ; elle veut me soumettre sans retour à ses impérieuses volontés. J'aime à croire, comte de Mansdorf, que vous n'êtes pas entré dans les intrigues qu'elle forme, et que votre amitié pour elle ne vous a pas fait oublier celle que vous me devez; aussi, n'ai-je pas balancé à m'en expliquer devant vous. Mais, si vous êtes innocent, je connais les principaux coupables. Je sais qu'on a formé le projet de faire chasser du poste qu'il honore par ses qualités éminentes, le comte de Waldein, pour porter à sa place, d'abord l'inhabile baron de Blomenthal, et puis ensuite l'astucieux conseiller Hermann, sur le compte duquel j'ouvre les yeux chaque jour. La Marquise est l'âme de ces cabales ridicules, mais qui me déplaisent. Elles doivent avoir un terme, et je me suis decidé à me séparer d'elle. Je veux que, sans delai, elle reprenne la route de sa patrie : ce qu'elle tient de mon attachement, ce que je veux lui offrir encore la laisseront dans une heureuse position, si elle veut être raisonnable. Mon parti est irrévocablement arrêté, et je souhaite qu'aujourd'hui même il recoive son exécution. »

En parlant ainsi, le bon Prince ne songeait pas qu'il ne voulait renvoyer une favorite que pour la remplacer par une autre; que les dignes considerations qui motivaient sa résolution devaient également le retenir de former une liaison nouvelle, et qu'enfin nul ne serait la dupe de son motif pompeux. Ces réflexions, un autre eût pu les faire ; mais rarement prennent-elles naissance dans le cœur d'un souverain : il se flatte toujours d'en imposer à la multitude, et s'imagine qu'elle croit aveuglément au pied de la lettre ce qu'il lui plaît de lui débiter. L'impétueux Leopold pensait en ce moment tout ce que nous venons de dire ; cependant aussi se figurait-il qu'Henri, revenu de ses erreurs, agirait de même avec Louise, et alors il applaudissait de bonne foi à la magnanimité de son auguste ami.

Ernest, de son côté, reçut cette confidence comme l'arrêt fatal de sa disgrâce complète. Depuis long-temps, il s'apercevait que le credit seul de Fiorina le soutenait à sa place ; dernièrement encore il venait d'en faire l'épreuve, et il ne doutait pas que, si la Marquise etait eloignée, il lui faudrait bientôt songer lui-même à effectuer sa retraite. La chose lui paraissait encore bien plus probable depuis la venue de Léopold ; il était également contraint de reconnaître la superiorite de ce rival, et redoutait, avec juste raison, de ne pouvoir le combattre avec avantage : aussi, prenant prétexte de ses relations d'amitié avec l'Italienne, il embrassa chaudement sa defense. Le Prince le laissa parler tant qu'il voulut ; puis, reprenant à son tour les argumens dont Ernest s'était servi, il les détruisit sur tous les points, et termina la conversation en invitant le Chambellan à ne plus prendre une peine inutile, puisque le renvoi de la Marquise était irrévocablement décidé.

Ce fut un véritable crève-cœur pour Mansdorf. Il fut un peu allégé quand Henri le chargea de faire connaître, de sa part, au Grand-Échanson, baron de Blomenthal, que ses services ne lui étaient plus agréables, et qu'il pouvait se retirer dans ses terres, s'il en avait le desir. Ernest ne voyait qu'avec peine l'espèce de ligue conclue entre le Baron et Fiorina ; il savait que tous les avantages en devaient être pour le conseiller Hermann ; aussi, en bon et digne courtisan, se consola-t-il un peu du malheur de son amie, par le plaisir d'aller annoncer à son rival sa disgrâce irrévocable. Durant toute cette discussion, Léopold avait gardé un silence opiniâtre ; il ne croyait pas devoir se mêler d'une semblable discussion : son opinion personnelle était conforme à celle du Prince en ce moment, mais il lui eût paru odieux de concourir à la perte d'une femme qui, naguère, l'avait supplié de ne pas se ranger au nombre de ses ennemis ; aussi garda-t-il la plus exacte neutralité. Il ne se doutait pas du compliment que le Prince lui allait faire. « A ton tour, Léopold, lui dit-il, je te garde, pour ton debut dans ma cour, la commission la plus delicate. C'est toi qui voudras bien aller de ma part trouver la Marquise, et lui communiquer mes volontés, consignées d'ailleurs dans cette lettre, que tu lui remettras en même temps que tu l'exhorteras à la résignation. »

A cette annonce désagréable autant qu'inattendue, Léopold se récria : il assura Henri qu'il n'aurait jamais le courage de remplir un message si fâcheux. Il le conjura de choisir une âme plus accoutumée que lui à ces sortes d'expéditions, avouant la répugnance qu'il aurait à paraître devant Fiorina pour lui annoncer une si fatale nouvelle. Le Prince l'écouta tranquillement; puis, à son tour, prenant la parole : « J'ai voulu, dit-il, en te chargeant de ce soin, en adoucir l'amertume pour la Marquise. Tu fus son ami ; elle sera moins peinée de s'entretenir avec toi. elle pourra librement exhaler toute sa furie, et s'abandonner à un courroux dont un autre craindrait les éclats. Tu la consoleras, je t'en prie ; mais fais-lui bien entendre raison, et surtout ôte lui la pensée qu'elle pourrait, en me revoyant, changer ma détermination. Je vais passer le reste de la journée chez la Princesse, et je n'en sortirai qu'alors où j'aurai eu la certitude que madame d'Albini aura quitté la residence. Conseille-lui de se retirer sur-le-champ à sa maison de campagne, et de là elle pourra se mettre en route sans que personne soupçonne ses revers. Dis-lui qu'elle peut me demander tout ce qui lui sera agreable, et que, dans tous les temps, elle me trouvera disposé à lui prouver que je ne l'oublierai jamais. »

Léopold, loin de se rendre, voulut insister encore ; mais Henri lui refusa de donner à un autre cette pénible commission, et, malgre lui, il se vit contraint à l'accepter. « Du moins, se disait-il, ce sera la dernière de ce genre ; car, quelques heures encore, et je ne porterai plus le collier de l'esclavage, que j'avais jusqu'à présent repoussé. »

CHAPITRE LI.

Pour qui sont ces serpens qui sifflent sur vos têtes?
RACINE, *Andromaque*, acte v, scène dernière.

Obligé de remplir sa mission, Leopold se rendit chez la Marquise; il se fit annoncer, et sur-le-champ on donna l'ordre de l'introduire. Fiorina était avec son inséparable madame d'Oppenheim, et ceci chagrina le ministre plénipotentiaire d'un nouveau genre, qui voulait dire en secret à la Marquise ce que le Prince souhaitait. En le voyant, Fiorina s'écria . « C'est sans doute mon heureuse étoile qui amène auprès de moi monsieur de Reich. J'ai cherché vainement à avancer le moment qui nous mettrait en présence. Il s'y était obstinément refusé, mais depuis qu'il est devenu courtisan il a changé de conduite, comme il changera de langage. » — « Je ne crois pas, Madame, répondit-il, que je prenne de longues leçons à l'école où je me trouve. Plus que jamais, je tiens à mes opinions; nul ne pourrait obtenir de moi l'affaiblissement de mes principes, et, avant peu, j'espère en donner l'éclatante marque. Je dois m'excuser si je n'ai point paru plus tôt devant vous; je savais que dans le fond ma présence vous était au moins indifférente, et, renfermé dans mes obscurs travaux, je ne songeais pas à me montrer à la reine d'une cour brillante. Les temps ont changé, vous le savez; j'ai, chose bien extraordinaire, retrouvé un ami véritable dans mon souverain; il m'a accueilli avec tant de bonté qu'il y aurait de l'ingratitude à ne pas lui en montrer ma reconnaissance. Voilà ce qui m'a retenu sous ces lambris dorés; mais ils ne peuvent me faire renoncer à ma précieuse indépendance. »

— « Je me flatte que vous finirez par

vous accoutumer à nous. Chéri du Prince, les honneurs, les grandes charges, vous attacheront à sa personne, et croyez que, plus que tout autre, je me plairai à entretenir ses bonnes dispositions à votre égard. Vous avez, monsieur Léopold, de vrais talens; il faut les mettre en usage : une ambassade serait le poste où vous pourriez paraître le mieux. » — « Hélas! Madame, ce rôle me sera toujours désagréable; je me plairais peu à devenir l'espion titré du monarque auprès duquel je serais appelé. Cependant, j'ai tout lieu de craindre que ce poste ne soit celui auquel le Prince me destine, car il m'a chargé d'une mission secrète auprès de vous. » — « Je vois, dit la Marquise, avec un commencement d'inquiétude dont encore elle ne pouvait indiquer le sujet, que de vous-même vous ne seriez pas venu me trouver; vous êtes un homme bien maussade. Passons néanmoins dans mon cabinet pour y recevoir dignement l'envoyé d'un Prince que je considère. » — « Ne vous dérangez pas, dit madame d'Oppenheim, aussi-bien allais-je vous quitter; il me faut passer chez la Princesse régnante : elle m'a fait dire qu'elle me recevrait le matin. Adieu, mon excellente amie, je viendrai dîner avec vous. »

La Marquise accompagna madame d'Oppenheim à la porte, et pendant ce temps Léopold chercha à surmonter son embarras. « Je reviens à vous, lui dit la Marquise, je suis curieuse de savoir ce qu'on vous a chargé de me dire; et puis je desire causer avec vous de vos intérêts les plus chers. » —« Et moi, dit Leopold avec une extrême émotion, je ne sais comment m'y prendre pour vous préparer un coup cruel qu'on veut que je vous porte. » — « Le Prince me renvoie! est-ce possible? s'écria Florina avec l'expression de la rage, et c'est vous qui me l'annoncez! » Leopold, sans lui répondre, lui présenta la lettre d'Henri. L'Italienne la prit vivement, et tandis qu'elle lisait, la pâleur et un rouge violet tour à tour éclatèrent sur son visage; ses lèvres devinrent blêmes, et ses traits se contractèrent plusieurs fois : puis un affreux sourire remplaça l'expression de la douleur, et après un instant de silence :

« Fort bien, dit-elle, voilà ce qu'on peut appeler un congé en digne forme, et un ambassadeur bien choisi pour une pareille atrocité. Enfant que vous êtes! poursuivit-elle en s'adressant pour lors à Léopold, ou vous devenez bien aveugle ou vous êtes déjà bien corrompu! Quoi! vous ne voyez pas le piége exécrable qu'on nous tend l'un à l'autre. Quoi! n'avez-vous pas vu encore que votre ennemi le plus détestable est ce Prince appelé votre ami? » — « Je ne sais ce que vous voulez dire, Madame, je sens que votre chagrin doit troubler vos idées, et je dois vous assurer de la part d'Henri.... »

— « Tais-toi, je ne veux rien entendre de ce qui viendrait de lui; c'est à toi seul que je veux parler, si par hasard tu es encore un homme; si la scélératesse des courtisans ne t'a pas enveloppé; écoute d'abord ce qu'il me mande, je le commenterai ensuite, et tu pourras y voir clair : « *Je vous sacri-*

fie au repos de ma maison, aux larmes de mon épouse, aux plaintes secrètes de mes sujets. » Non, ce n'est pas cela qu'il a voulu dire, il s'est exprimé obscurément. Voici ce qu'il fallait mettre à la place. « Je vous ai aimée jusques au moment où la satiété est venu détruire ma tendresse ; je me moquais alors de ce que j'ai l'air de respecter aujourd'hui ; je vous sacrifie, non à mon repos, à mon épouse, à mes sujets, mais à une passion nouvelle. J'ai besoin de votre appartement pour y amener une autre maîtresse, et celle que je vais deshonorer à tous les yeux, celle qui jouera votre odieux rôle, est (Léopold, retenez bien ceci) mademoiselle d'Hertal.... »

— « Quoi! Madame, vous penseriez... »
— « Laissez-moi parler, vous me répondrez ensuite. » Pour que rien, dis-je, ne manque à l'atrocité de mon procédé, pour en épuiser tout l'infamie, je veux, je prétends qu'un noble jeune homme, dont l'âme grande me chérit, qui d'ailleurs adore mademoiselle d'Hertal, vous apporte l'arrêt

qui vous chasse, et qui met à votre place son amante que j'ai déshonorée. »

— « Madame, Madame!... » — « Tu peux maintenant me répondre, je suis toute prête à t'écouter. » — « Vous m'avez fait frémir ; vous avez amené la mort dans mon âme ; oui, j'adore mademoiselle d'Hertal, et je ne puis me faire à l'idée qu'elle soit coupable ; si je le croyais!... » — « Ta vengeance... Oui, je t'entends, elle serait terrible, ta vengeance. Eh bien! prepare-la, viens la joindre à la mienne ; comme moi tu es outragé, et tu l'es par ton ami, par le plus perfide des hommes! »

— « Et quelle preuve me donnerez-vous de cette infâme trahison, » s'écria Léopold cherchant à repousser les serpens de la jalousie qui sifflaient dans son cœur, tant au souvenir de ce qu'il avait vu qu'en écoutant ce que lui disait l'infernale Italienne? — « Quelle preuve! eh! je ne puis avoir que l'embarras du choix : c'est pour perdre sa niece, c'est pour me ruiner que madame de Sebendal a enlevé votre amie à sa paisible retraite d'Obernoff; on comptait sur ses charmes pour éblouir le Prince, on a tout fait pour y parvenir : le succès a dignement répondu à cette espérance; on a mis sur les pas de mademoiselle d'Hertal cette odieuse intrigante, cette jeune Wilhelmine que la Comtesse destine à son fils; on a attiré le Prince, on l'a capté, on l'a entraîné de toute manière, on lui a demandé mon exil, il y a consenti, et certes il ne l'eût pas fait s'il n'eût pas eu l'assurance du triomphe! »

— « Mais, dans tout cela, je ne vois encore que la lâcheté de la Dame d'honneur. Louise peut ignorer ces criminelles trames; elle peut être vertueuse; son innocence.... » — « Oui, ce matin, elle en a reçu le prix : de superbes cadeaux, des diamans magnifiques, un cordon pareil au vôtre pour un de ses oncles; voilà avec quoi elle en a été payée. Ce soir, oui, ce soir, je l'espère, si vous la voyez parée de ces dons, douterez-vous de sa faiblesse et de votre malheur? » — « Si c'était vrai, s'écria Léopold, qui, par un mouvement presque involontaire, arracha en même temps la plaque de la décoration du Prince qu'il portait sur son habit, et la jeta loin de lui ; si c'était vrai, alors je m'abandonnerais à mon désespoir...! »

— « Oui, Léopold, la vengeance!.... il n'y a que cela pour soulager un cœur ulcéré ; mais elle doit être prompte, entière, terrible ! » — « Il est mon ami, mon souverain. » — « Il te déshonore, il t'humilie ; tu n'es pas un homme si tu le souffres ! » — « Que dois-je faire ? » — « Le punir. » — « Voudra-t-il me suivre ? » — « Où ! » — « Les armes à la main. » — « Insensé ! un Prince exposerait sa vie, il entendrait les accens de l'honneur ! Ah ! je te le dis encore, tu ne connais rien à ce monde ; une prison éternelle serait sa réponse, et mille bras se lèveraient contre toi. Non, ce n'est pas ainsi qu'il faut perdre sa vengeance ; cherchons la dans notre sûreté. Qu'il meurt puisqu'il te trahit, puisqu'il nous offense ; vois ce flacon, c'est de là que sa mort doit partir.... » — « O ciel ! que me dites-vous ?

qu'osez-vous me faire entendre? Quoi! je deviendrais assassin! y songez-vous, Fiorina? La douleur vous égare, revenez à vous, je vous en conjure, reprenez vos sens.... »

— « Je les ai retrouvés, puisque je parle de vengeance ; mais j'ai tort de m'entretenir avec un novice ambitieux, qui, gonflé d'une faveur momentanée, hésite entre la perte de son amour ou de son crédit. »
— « Eh quoi! me soupçonnerez-vous toujours les idées qui règnent dans votre âme? Aimez-vous le Prince? Non, vous ne l'aimez pas, puisque vous desirez sa mort. Que regrettez-vous en ce moment terrible? le pouvoir qui va vous échapper. Ne puis-je me venger que par un crime, et dois-je être coupable par cela seul que je suis malheureux? » — «Que m'importe ton sort; reste où le destin te place : viens annoncer froidement à une infortunée que tu consens à mettre à son rang la femme qui devait t'être chère; dis-lui que tu vois avec joie que ton rival te donne l'emploi le plus honteux ; dis-moi tout ce que tu voudras, mais

ne me parle plus de ta vertu ni de ton ancienne fierté ; ton âme s'est gangrenée. Adieu, je saurai me venger sans toi ; va dire à ton Souverain que dans une heure je ne serai plus dans sa capitale, et que s'il peut jouir encore de la vie, il ne la devra qu'à ton impardonnable lâcheté. »

Après avoir prononcé ces dernières paroles, Fiorina s'élance vers l'intérieur de son appartement, et disparaît aux yeux de Léopold, qui demeura immobile, tant à la vue de cette violence qu'à l'idée intérieure qu'elle a éveillée en lui. Cependant il fait un effort, et sort de la chambre emportant avec lui un désespoir invincible. Il rencontra dans une des galeries du palais, madame d'Oppenheim, qui vint à lui.

« Monsieur Léopold, lui dit-elle, étiez-vous instruit de l'exil subit du baron de Blomenthal ; on assure que le Prince, dont il a mérité la colère, veut étendre cette mesure sur tous les amis du Grand-Echanson. Je vous prie de certifier à son Altesse que je n'ai jamais estimé M. de Blomenthal; je le voyais souvent comme on voit tout le monde, mais, Dieu merci! je l'ai toujours regardé comme un intrigant : certainement sa punition est bien légitime. Je présume que son Altesse vous avait chargé d'instruire la Marquise de cette résolution. Voilà, par exemple, une femme parfaite : quelle chaleur dans son amitié! La disgrâce du Baron lui sera pénible.... A propos, ne serait-elle pas compromise en tout ceci ; vous en devez savoir quelque chose, et comme je suis de vos amies, vous ferez bien de m'en apprendre ce que vous en savez, afin que je ne sois point surprise de ce qui pourrait arriver. »

— « Madame, tout ce que je puis vous dire, répliqua Léopold, que tant de bassesse indignait, c'est que la Marquise a aujourd'hui besoin de toutes les consolations de votre délicate amitié. » — « Que me dites-vous là? Quoi! elle aussi... Mademoiselle d'Hertal.... Ah! je dois depuis deux jours une visite à la comtesse de Sebendal : seriez-vous assez bon pour me donner la main jusque chez elle? » — « Non, Madame, » s'écria impetueusement Leopold en s'éloignant. Madame d'Oppenheim, restée seule, se préparait à aller trouver la Dame d'honneur, lorsque le conseiller Hermann l'aborda. « Eh bien! lui dit-il tristement, savez-vous toutes ces fatales nouvelles? Le Grand-Echanson, la Marquise, moi.... » — « Adieu, monsieur le Conseiller; mon amie, madame de Schendal, attend ma visite. Je vous plains; mais aussi vous étiez par trop ambitieux. »

— « Ou courez-vous si vite, lui répondit Hermann avec un sourire infernal, tandis qu'il l'arrêtait par la robe; la Dame d'honneur ne vous recevra pas. » — « C'est vous qui le dites. » — « Je vous le prouverai sans peine. » — « Je serais curieuse de vous entendre. » — « Deux mots suffiront. » — « Vous auriez mieux fait de les dire. » — « Et ne devez-vous pas le deviner: le même coup de foudre vous frappe, et l'on vous cherche pour vous annoncer que l'hiver est une saison agréable pour aller habiter vos terres. » — « Je suis charmée, mon cher Hermann, que le Prince, dans sa rigueur, m'ait punie avec les amis que j'estime ; je me montrerai fière de partager leurs revers. Je retourne chez la Marquise ; elle doit avoir besoin des consolations d'un cœur tel que le mien : je me dois à son malheur comme elle a tout fait pour moi dans sa prospérité. Je vous engage à venir me joindre chez elle. » — « Ah ! pour celui-là, dit Hermann tout stupéfait et en la voyant s'en aller, je ne l'eusse pas trouvé : ma foi, les femmes, je le vois, nous en apprendront de toute manière. »

CHAPITRE LII.

◊

Culpari metuit fides
HORACE liv. IV, *ode* V
La bonne foi craint de s'attirer le moindre reproche

◊

La Marquise, demeurée seule, s'abandonna avec plus de violence encore à la fureur qui la dominait. Long-temps elle roula dans son âme de sinistres projets de vengeance, et parfois elle ne voulait pas qu'Henri pût survivre à son éclatante infidélité. Cependant la voix de la raison, à son tour, se fit entendre ; Fiorina vit les difficultés qui s'opposaient à un dessein coupable, et les dangers dont il pourrait être suivis. L'inflexible vertu de Léopold était ce qui l'effrayait davantage N'ayant pu le séduire, elle apprenait à le redouter, et, dans cette position, craignant que s'il instruisait le Prince des atroces propositions qu'elle lui avait faites, Henri ne voulût lui enlever tout ce qu'il lui avait donné et tout ce qu'il lui promettait encore, elle se décida à partir sur-le-champ, afin de montrer, par son obéissance, l'etendue de sa résignation. Un coup d'œil lui fit voir combien serait inutile toute entrevue avec le Prince.

« Non, disait-elle, je ne le verrai pas ; je n'irai pas m'avilir devant lui ; je sais que mes larmes seraient impuissantes : un cœur une fois fermé peut se rouvrir rarement. Eh bien ! partons, et puisse celle qu'on me préfère le tromper encore plus que je ne l'ai fait ! » On annonça ici madame d'Oppenheim ; elle entra toute en larmes, et vint embrasser la Marquise. « Croyez, mon excellente amie, lui dit-elle, que, dans ce moment de revers, les vôtres seuls peuvent m'occuper. J'ignore pour quel motif le Prince m'exile ; je l'en remercie, car il eût été affreux pour moi de me trouver dans une cour dont on vous aurait bannie. » Fiorina, surprise de cette preuve d'attachement, qu'elle était loin d'attendre d'une âme telle que celle de madame d'Oppenheim, lui en témoigna sa reconnaissance, et, en même temps, sa surprise de ce qu'une pareille mesure l'avait atteinte. « On me punit de mon amitié, s'écria fastueusement madame d'Oppenheim, et j'en tire gloire : on ne dira pas que parmi nous on ne trouve que fausseté et que dissimulation ; nous serons un éclatant exemple du contraire. »

Elle voulait encore accompagner Fiorina à sa maison de campagne, mais celle-ci s'y refusait; ce fut en vain, la dame tint ferme, et après avoir envoyé chez elle, pour qu'on lui expédiât ce qu'elle avait besoin, elle monta dans la voiture de la Favorite, et elles partirent toute deux. La femme de confiance de madame d'Oppenheim la rejoignit dans la journée suivante. Quel ne fut pas alors le désappointement et la fureur extrême de la dame, quand sa domestique lui remit une lettre du consciller Hermann, qui lui mandait, en la persiflant d'une cruelle manière, que jamais le Prince n'avait songé à l'exiler; que, pour la punir un peu, il lui en avait donné la fausse nouvelle; mais que son dévouement héroïque lui faisait un grand honneur dans le public. Il faut avoir été courtisan pour sentir tout ce qu'avait de poignant une mystification pareille. Madame d'Oppenheim aurait eu peine à y survivre, si la Marquise, en se mettant décidément en route pour l'Italie, ne lui eût laissé la liberté de revenir à la résidence, où elle chercha à réparer, par des bassesses, une imprudence qu'elle ne se pardonnait pas.

Fiorina, durant toute la veille et jusqu'au moment de son dernier départ, avait témoigné une vive impatience de revoir le comte de Mansdorff : elle se flattait qu'il viendrait du moins prendre part à ses peines; mais le temps s'écoulait et Ernest ne paraissait pas. « Celui-là, se dit-elle, serait-il comme les autres? Oh! qu'il se conduise mieux, ou je ferai tomber la foudre sur sa tête ! » Elle espérait en vain ; les heures s'écoulèrent et elle n'eut pas la visite d'Ernest. « Le sort en est jeté, dit-elle au moment de monter en voiture ! Ingrat Mansdorff, tu seras cruellement puni ! » Elle dit, et cachetant avec soin un paquet de lettres qui était posé sur la cheminée, elle le donna à son homme d'affaires, qu'elle laissait après elle, avec ordre de le remettre plus tard entre les propres mains du Prince, et, ce soin rempli, elle s'éloigna sans retour. Nous ne nous occuperons plus de cette femme ; elle passa le reste de sa vie comme elle l'avait commencée, et elle trouva son châtiment dans l'excès de ses vices.

Comme nous l'avons dit plus bas, Léopold, dégoûté de la bassesse de madame d'Oppenheim, l'avait quittée précipitamment ; il errait au hasard dans les vastes appartemens du palais, ayant à peine sa raison, et dominé tout à la fois par des projets de vengeance et de désespoir. Ses courses incertaines le conduisirent vers la demeure d'Adèle ; il se rappela confusément qu'il était chargé de remettre à cette noble personne le manuscrit où sa mère malheureuse avait tracé l'histoire de ses infortunes : « Que du moins, s'écria-t-il, la pure tendresse de cette céleste amie me dédommage des pertes cruelles que me fait éprouver l'amour. O Adèle ! tu n'aurais pas été bassement perfide comme l'est ma Louise ! Tu n'aurais pas sacrifié l'amant de ton choix à une flamme coupable ! »

Il dit, et se fait annoncer. La Princesse, qui l'attendait avec impatience, le fit sur-le-champ introduire, et elle demeura frappée de l'abattement qui se peignait sur tous ses traits. « Mon frère bien-aimé, lui dit-elle, qui peut ainsi vous troubler ? La fortune ne vous serait-elle pas en tout favorable ? Et lorsqu'on s'imagine qu'elle vous comble de ses faveurs, seriez-vous en butte à ses caprices ordinaires ? » Elle ajouta à ce propos tant de paroles affectueuses, que Léopold ne put y résister. Vainement sa fierté s'était promise de cacher soigneuse ment le douloureux secret de son âme ; un besoin invincible, celui de se plaindre et d'être consolé, le contraignit à parler, et, à travers un torrent de larmes, il confia à Adèle son désespoir et ce qui le rendait infortuné.

La Princesse, touchée de tant de peines, s'empressa de lui promettre son appui. « Je parlerai, lui dit-elle, à mon frère ; j'ouvrirai ses yeux, je le rendrai à lui-même. Êtes-vous, enfin, bien assuré que la malice n'ait point empoisonné des soins peut-être innocens ? Avez-vous parlé à votre amie ? Vous a-t-elle ouvert son cœur ? Y avez-vous lu clairement son inconstance ? Tant que vous ne l'aurez pas fait, ne la condamnez pas encore ; de mon côté je veux la voir, et lire ce soir dans le fond de son cœur. Oh ! mon frère, que je serais satisfaite, si, vous payant enfin ce que je vous dois, je vous rendais au bonheur ! vous, si digne d'en jouir ! vous le plus noble et le plus généreux des hommes ! »

Ces soins d'une si touchante amitié calmèrent, pour un moment, les chagrins qui dévoraient Léopold ; il s'attendrit auprès de sa sœur, et de plus doux sentimens se placèrent en lui. Adèle chercha à le retenir le plus qu'il lui fut possible ; mais enfin il sentit qu'il était temps de se retirer. D'ailleurs le Prince pouvait, d'un moment à l'autre, venir chez Adèle, et comme Reich ne voulait pas le voir en cet instant, ni lui rendre compte du message dont on l'avait chargé, il jugea convenable de revenir chez le Ministre.

Adèle lui renouvela les promesses de parler, soit à Henri, soit à Louise, et il s'eloigna moins tourmenté.

Sa route, par un hasard funeste, le conduisait vers l'appartement de la Dame d'honneur ; comme il approchait, il entendit une des femmes de la Comtesse qui, arrêtée dans la galerie par une de ses amies, lui racontait avec emphase quels superbes presens mademoiselle d'Hertal avait reçus du Prince, et sa malice envenimait son recit. Léopold l'écoutait, et ceci vint de nouveau jeter le trouble dans son cœur ;

sa tête, calmée par les soins de son amie, s'emporta de nouveau. « C'est trop attendre! se dit-il; dois-je demeurer dans cette affreuse incertitude? Hâtons-nous d'en sortir, et apprenons de la bouche de Louise si je dois espérer, ou ce que je dois craindre. » Il dit, et ne se connaissant plus, tant son humeur jalouse le dominait, il se présente chez la Comtesse, et, franchissant rapidement l'antichambre, il entre dans le salon où se trouvaient alors madame de Sebendal, Wilhelmine et Louise.

Celle-ci, comme on doit s'en rappeler, était parée de tous les riches dons du Prince. A la vue de Léopold, qui était hors de lui-même, les trois femmes furent frappées d'étonnement; mais lui, incapable de rien voir, si ce n'était la magnificence du costume de Louise, s'écria : « Non, l'on ne m'a pas trompé, et elle se pare sans honte des présens de son séducteur! » Cette terrible exclamation fit tressaillir les personnes qui l'entendirent : l'Orpheline en fut tellement émue, qu'elle ne put s'exprimer;

madame de Sebendal seule trouva assez d'audace pour demander à Léopold qui lui donnait le droit de s'oublier ainsi.

« Ce n'est pas à vous que j'en rendrai compte, s'écria-t-il, à vous qui avez tramé la perte de cette fille malheureuse ; c'est à elle que je m'adresserai ! Eh quoi ! Louise, qu'avez-vous fait de votre innocence ? En si peu de temps l'auriez-vous perdue, ainsi que votre amour ? » — « Je ne m'attendais pas, dit mademoiselle d'Hertal, d'une voix affaiblie, que vous osassiez me faire un tel reproche, vous qui, trahissant l'affection la plus pure, portiez à une autre cette tendresse que vous m'aviez promise. » — « Moi ! dit Leopold, moi vous être infidèle ! l'avez-vous dû penser, et la chose me serait-elle possible ! Non, je n'ai jamais cessé de vous aimer ; on a pu joindre d'odieuses calomnies à la scélératesse qui vous perd ; mais je ne fus jamais coupable. »

— « Ingrat, n'avez-vous pas tout fait pour la nouvelle Princesse ? Ne doit elle pas devenir votre épouse ? » — « Je l'ai connue dans le malheur, je l'ai secourue, et mon respect égala mon amitié; mais il ne fut jamais en moi d'amour pour elle, et, malgré votre inconstance, malgré les désirs de son frère, sa main ne sera pas unie à la mienne. Mais vous qui m'accusez, êtes-vous assez pure pour le faire? Devez-vous m'adresser des reproches, quand la pompe de vos vêtemens me certifie que vous êtes criminelle?» — « Que parlez-vous toujours de crime et de séduction, dit impétueusement l'Orpheline; expliquez-vous, je ne vous entends pas ! » — «Je vous engage, Monsieur, à ne pas le faire, dit la Comtesse; alors vous avez tout à craindre de la colère du Prince......» — « Que je m'explique ! repartit Léopold à Louise, sans daigner répondre autrement à la Dame d'honneur que par un coup d'œil de mépris; je le ferai si clairement que vous serez forcée à me comprendre. La marquise Albini, cette favorite du Prince, celle sur qui s'amassaient les imprécations de tout un peuple; cette femme, la honte de son sexe, part aujourd'hui;

elle quitte à jamais une cour qu'elle déshonorait, et elle ne s'en va que pour vous céder sa place : oui, fille infortunée, c'est vous qui allez paraître à son rang ; vous qui sacrifierez vos vertus à une faveur exécrable ; vous, en un mot, qui serez la maîtresse du Prince, sa vile complaisante ; vous qu'il a achetée : enfin maintenant me comprendrez-vous ? Voilà le but de l'intrigue qui vous a tirée de votre retraite, le rôle que vos parens ont voulu vous faire jouer. Adieu ! j'ai tout dit, c'est à vos remords que je vous abandonne. je pars, moi aussi, mais je fuis volontairement ; je reviens dans une solitude que je n'eusse jamais dû quitter : j'en sortis avec la certitude de votre chaste amour ; j'y rentrerai avec la douleur affreuse que me cause votre déloyauté. Adieu ! ange dechu, je doutais encore de ton crime ; mais la pompe qui t'environne ne me la demontre que trop. »

Il dit, et s'éloigne precipitamment : vainement Louise, tout éperdue, l'appelle à grands cris, le conjure de revenir à elle ; il ne peut plus l'entendre ; sa fuite est trop rapide, et sa conviction trop parfaite pour lui permettre de s'arrêter et s'attendrir. En sortant du palais, il ne voulut pas aller chez le comte de Waldein ; il redoutait, avec juste raison, que celui-ci ne consentît pas à son départ, et qu'il n'y mit d'invincibles entraves. Dans cette pensée, il se rendit à la poste aux chevaux, et il partit à franc étrier pour Obernoff. Son desespoir l'égara tout le temps de la route; vingt fois il eût fait des chutes dangereuses, si le postillon qui était avec lui ne lui eût fait éviter les mauvais pas. Enfin il arriva chez son père au moment où celui-ci qui, par aventure, avait prolongé la veillée, allait, exempt de tout souci, chercher un paisible repos.

Sa surprise fut grande de voir arriver Léopold à cette heure, et plus encore à l'aspect de ses traits décolorés. Le jeune homme se jeta dans ses bras, et, en sanglotant, lui conta son histoire et ce qu'il appelait ses malheurs. Monsieur Reich vit bien que ce n'était pas le moment de contre-carrer cette âme impétueuse ; il se contenta de le plaindre, de l'engager à chercher quelque adoucissement dans la vertu, et de suite, passant dans sa chambre, il se hâta d'écrire au comte de Waldein tout ce que Léopold venait de lui confier. Le postillon qui repartait se chargea de remettre la missive au premier Ministre, immédiatement après son retour à la résidence.

Léopold, demeuré seul, éprouva cependant quelque soulagement; la tendre amitié de son père, le calme qui allait régner autour de lui, l'assurance que Louise ne méritait pas sa tendresse, le jetèrent dans une morne tranquillité ; et si le sommeil ne vint pas lui faire oublier ses peines, il les allégea par la pensée qu'une femme coupable n'était pas digne de le plonger dans le désespoir. Ainsi, son dépit venait à son aide; mais aux premiers rayons du jour, lorsque les tours du château d'Obernoff eurent frappé sa vue, le souvenir de Louise, écarté momentanément, rentra en triomphe dans son âme.

CHAPITRE LIII.

◊

Quels que soient les transports qu'une maîtresse inspire
La gloire et le devoir ont aussi leur empire
Entre ce qui me plait, et ce que je me dois,
L'honneur seul doit toujours determiner mon choix
Crebillon, *Pyrrhus*, act III, sc IV

◊

On se fera difficilement une idée de l'état où le discours véhément de Léopold avait laissé la pauvre Louise. Atterée par les terribles paroles de son amant, le voile qui pesait sur ses yeux tomba, et, pour la première fois, elle envisagea la vérité toute nue. Un désespoir affreux s'empara d'elle. vainement les deux corruptrices essayèrent-elles de l'eblouir encore. « Non ! s'écria-t-elle, non ! Je ne veux rien entendre ! Vous m'avez conduite au bord de l'abîme ! Vous voudriez achever de me perdre ! J'abjure vos secours, votre fallacieuse amitié, et je renonce à une cour où je ne pourrais désormais paraître sans honte ! » Elle dit, et, sans plus attendre, elle arrache ses diamans; déchire la robe qui la pare, et, tombant à genoux, prie sa mère de la secourir. Cette exaltation violente ne pouvait durer · Louise ne tarda pas à tomber dans un évanouissement dangereux ; on en profita pour la transporter dans sa chambre, et la Comtesse et Wilhelmine restèrent confondues du mauvais succès de leur intrigue. La Dame d'honneur surtout ne pouvait se consoler de sa mésaventure.

« Quoi ! disait-elle, faut-il ainsi céder au moment de la victoire ? alors où nous avons l'assurance que la Favorite est renvoyée ? L'imprudence d'un insensé viendra détruire tout ce qui nous a tant coûté a établir ? Non ! ne nous rendons pas encore. Essayons-nous à tromper de nouveau cette faible créature : elle ne saura pas se démêler des piéges que notre adresse lui tendra. » Elle achève, et, renvoyant mademoiselle de

Worms, elle revient auprès de sa nièce infortunée. Les regards de Louise, quand elle reprit ses sens, rencontrèrent ceux de sa tante, et elle en frémit : elle fit un mouvement comme pour éloigner madame de Sebendal, et celle-ci, de son côté, ordonna aux femmes qui avaient secouru la Fille d'honneur de la laisser seule avec elle. « Eh bien! mon enfant, lui dit cette corruptrice déhontée, vous ne gémissez pas encore de votre emportement? Est-ce ainsi que vous reconnaissez les bontés de votre meilleure amie? Devez-vous plus vous en rapporter aux violences d'un amant jaloux, qui prête les plus coupables intentions aux choses les plus innocentes? Qui? moi! je voudrais votre perte! L'avez-vous pu dire? Avez-vous osé le penser? Un Prince aimable ne peut-il être votre ami, et êtes-vous coupable en lui montrant de la reconnaissance? Je ne puis le croire; et plus vous y réfléchirez, plus vous serez la première à revenir de votre erreur; et alors, demeurez-en persuadée, mon amitié pour vous trouvera de la joie à vous voir heureuse, comme à vous pardonner. »

— « Madame, répliqua Louise, je peux avoir mal interprété vos sentimens à mon égard, mais il ne m'est plus possible de croire que le rôle que j'allais jouer fût avoué par la vertu. M. Reich a violemment porté la lumière dans mon âme ; je ne puis désormais en repousser la clarté. Oui! je l'avoue, j'aime ce noble jeune homme; et j'ai eu la faiblesse de croire à son inconstance! Helas! devais-je le condamner avant de l'avoir entendu? Maintenant il me méprise: il en a le droit; j'en ferais autant à sa place; mais, si du moins j'ai perdu son amour, le temps me fournira les moyens de regagner son estime. Mon parti est arrêté : je vais aller trouver la Princesse régnante; la remercier de ses bontés pour moi; lui conter tout ce qui se passe, et obtenir de sa bienveillance la seule protection à laquelle je veuille désormais avoir recours. »

— « Voilà certainement, s'écria la Comtesse, toute troublée d'une résolution pareille, un horrible dessein, que vous n'effectuerez pas. Voulez-vous me faire soupçonner par la Princesse d'un tort que je n'eus pas : ne suis je point votre protectrice naturelle, et devez-vous, ma nièce, vous adresser à d'autres qu'à moi ? » — « Je n'ai plus rien à demêler avec vous, Madame, répliqua Louise avec une fermeté dont on ne l'eût jamais crue capable, je vous le repète encore ; peut-être mes préventions sont injustes, mais elles n'en existent pas moins. Séparons-nous l'une et l'autre, l'impérieuse nécessité nous le commande et j'y suis completement determinée. Si le comte d'Altorn ne veut pas me recevoir à Obernoff, j'implorerai la pitié des âmes généreuses ; mais il m'est impossible de vous rien devoir désormais. »

— « Vous reviendrez, mon enfant, de cette décision injuste. Je vous suis sincèrement attachée ; vous m'offensez, et pourtant je vous pardonne. Mon frère, assurément, se fera toujours un plaisir de vous recevoir.

d'ailleurs, dans tous les cas, n'avons-nous pas assuré votre indépendance en concluant votre mariage avec le baron de Schullestein ? » Cette dernière phrase, qu'une colère maladroite arracha à madame de Sebendal, ne produisit pas l'effet qu'elle en attendait. Louise, désormais, avait pris son parti, et ses parens n'eussent pu forcer sa volonté. « Ce ne sera point, répliqua-t-elle, auprès du baron de Schullestein que j'irai chercher un asile. Mon mariage est rompu avec lui, ou plutôt il n'exista jamais ; car il y manquait mon consentement, et je suis loin de le lui promettre ; je saurai me passer de lui et de tous ceux qui ont fait un trafic de mes malheurs et de mon innocence. »

La Comtesse, toujours plus courroucée, allait faire une réponse où sa rage devait éclater, lorsqu'on annonça la visite inattendue de la princesse Adèle, qui demandait particulièrement mademoiselle d'Hertal. Madame de Sebendal vit avec déplaisir cet autre incident ; cependant elle fut au-devant de la nouvelle Altesse. Adèle, en la voyant, lui demanda la permission d'entretenir en secret la Fille d'honneur, et la Comtesse ne put le lui refuser, quoiqu'elle ne doutât pas que sa perte ne fût décidée à la suite de cette conférence intempestive. Louise, de son côté, éprouvait une émotion extrême : elle allait se trouver en présence de celle qu'elle avait regardée comme sa rivale, et elle ne pouvait imaginer le motif qui l'amenait auprès d'elle. Surmontant son inquiétude, elle se leva pour la recevoir, et n'entendit pas sans un extrême étonnement la demande que faisait l'Altesse à madame de Sebendal.

« Je vois, Mademoiselle, dit la Princesse, que votre état est pareillement digne de pitié. Je n'ai su vos chagrins ; je n'ai appris à vous connaître que depuis peu d'instans. Mon premier frère (c'est de monsieur de Reich que je parle) avait, je ne sais pourquoi, fait un mystère de son amour à mon amitié. Je viens de le quitter lorsqu'il se croyait le plus malheureux des hommes, et je lui ai promis de le consoler et de vous secourir s'il en était besoin. Je voulais parler au prince Henri, mais d'importantes occupations le retiennent depuis quelques heures, et je n'ai pu prendre sur moi de retarder la visite que je souhaitais de vous faire : la bien-aimée de mon Léopold mérite sans doute mes premiers soins. » — « Eh ! Madame, répondit Louise en sanglotant, que ne m'êtes-vous plus tôt apparue ! Je ne suis plus la bien-aimée de celui que vous nommez votre frère ; il vient, dans son impétueuse jalousie, de renoncer à moi et de me maudire sans retour : il s'est éloigné, me croyant coupable, et je m'accuse, en effet, d'avoir donné lieu à ses soupçons. »

Ici, Louise prenant confiance en sa nouvelle amie, lui raconta tout ce qui s'était passé. Elle était, dans le moment, trop courroucée pour taire tous les reproches qu'elle adressait à sa tante, et Adèle put facilement apprécier combien la Dame d'honneur avait en tout ceci mené une conduite peu méritante. « Je partage vos inquiétudes, dit-elle à l'Orpheline ; mais je ne m'arrêterai pas à une stérile pitié; la princesse Amélie, ma belle-sœur, ne trouvera pas mauvais, je l'espère, que je vous enlève momentanément à son service. Venez avec moi, Mademoiselle, venez habiter mon appartement; vos yeux n'y seront pas blessés par la vue de ceux qui vous doivent être odieux, et je me charge de détromper Léopold : il n'est pas fait pour vous devenir infidèle. »

Mademoiselle d'Hertal accepta avec reconnaissance ce que lui proposait Adèle ; cependant elle ne voulait point partir sans avoir pris congé de sa tante; elle la fit demander, et Wilhelmine vint lui apprendre que la Comtesse était sortie et que Louise ne pouvait s'eloigner avant qu'elle ne fût revenue. Cette déclaration surprit les jeunes personnes. Adèle etait encore trop nouvellement établie dans son rang pour en connaître toutes les prerogatives; elle se contenta donc de répondre qu'elle attendrait madame de Sebendal, car elle était décidée à emmener Louise.

Pendant que ces choses avaient lieu, la Dame d'honneur à qui sa nièce avait inspiré une véritable épouvante, ne prenant conseil que de la crainte qu'elle avait de voir effectuer la menace d'aller trouver la Princesse Amélie, crut qu'il était prudent de courir informer son Souverain de ce qui se passait. Elle obtint, avec peine, du comte de Mansdorf, qu'elle rencontra, d'être introduite; cependant il se décida à le faire. Henri, craignant quelque visite imprévue de la part de la marquise Albini, avait soigneusement fait défendre l'entrée de son appartement. Là, il attendait avec impatience que Léopold vînt lui rendre compte de sa mission, et s'étonnait de ne pas le voir arriver.

Le comte de Waldein employait ce temps à lui communiquer plusieurs affaires importantes, et il ne faisait que de sortir du cabinet du Prince, quand madame de Sebendal se présenta. « Je me flatte, dit-elle, que votre Altesse excusera l'obstination que j'ai mise à vouloir parvenir jusqu'à elle, lorsque je lui en aurai appris le motif. Alors, avec un art infernal, elle lui dévoila les événemens de la journée; comment, au sortir de chez la Marquise, Léopold avait paru chez elle : elle narra sa furie, les emportemens de ce bouillant jeune homme, l'explication vive qu'il avait eue avec Louise, le désespoir de celle-ci, qui avait formé le dessein de quitter la cour, après avoir, ajouta-t-elle, semé les soupçons les plus odieux, contre moi, dans le cœur de votre auguste épouse. » La Comtesse était trop adroite pour avoir l'air de prétendre contre-carrer l'amour du Prince; elle se contentait en apparence de venir comme à un souverain, lui faire part de ce qui venait de se passer. Plus la Dame d'honneur parlait, plus la surprise du Prince augmentait : le courroux parfois s'allumait dans son âme, il se sentait porté à punir ce que madame de Sebendal appelait l'insolence de Léopold. D'autres fois, il se demandait à lui-même s'il avait le droit de tyranniser ainsi une noble volonté, et s'il pouvait espérer de soumettre Reich à ses caprices, et le faire plier comme un courtisan ordinaire. Plus le Prince conversait avec son premier Ministre, plus il voyait Léopold, et moins il souffrait ceux qui ne ressemblaient pas à ces hommes estimables.

La démarche de madame de Sebendal lui répugnait : il voyait avec dégoût la Dame d'honneur de sa femme ne pas rougir d'un rôle odieux et méprisé par toute la terre.

« Quoi! se disait-il en lui même, ce que cette personne fait aujourd'hui pour moi, ne pourrait-elle pas demain le faire dans l'intérêt de la Princesse? C'est sans honte qu'elle m'abandonne sa parente, la fille de sa sœur, une orpheline confiée à ses soins! Et moi je serais aussi vil qu'elle, je partagerais ses sentimens, et, pour satisfaire à un vain caprice, j'accablerais mon ami ? Non, cela ne sera pas, je serai digne du sentiment que je lui inspire, et je lui montrerai que la vertu n'est pas toujours bannie du cœur des souverains. » Ce que nous exprimons ici passait en rapides réflexions dans son âme; il garda un profond silence après que la Comtesse eût parlé, mais voyant qu'elle attendait une réponse : « Je vois en tout ceci, Madame, lui dit-il, une dernière preuve de l'esprit turbulent de la Marquise : elle n'a pas voulu nous quitter sans jeter du trouble dans mon intérieur, et sa prévention sur la cause de sa disgrâce l'ayant aveuglée, elle aura trompé monsieur de Reich. Je dois donc excuser tout ce qu'il a pu dire, tout ce qu'il a pu faire. Qui sait jusqu'où se fût porté mon transport si je me fusse trouvé à sa place? Il ne faut plus s'en occuper. Mademoiselle d'Hertal vous accuse, eh bien! je vous aurorise, pour lui prouver à quel point vous méritez peu ses reproches, de la renvoyer chez son oncle, le comte d'Altorn, dès que le jour prochain paraîtra. Si par hasard elle préferait venir habiter avec ma sœur, je ne doute pas que celle-ci ne se montrât enchantée de la recevoir. Demain j'arrangerai ce point avec elle. Quant aux calomnies que mon amitié pour mademoiselle d'Hertal a pu faire naître, elles tomberont lorsque la vérité sera mieux connue. »

En parlant ainsi, le Prince congédia madame de Sebendal, sans entrer avec elle en autre explication. Ce n'était pas ce qu'espérait la Comtesse : elle se retira la rage dans le cœur, car elle vit clairement que les dispositions du Maître étaient changées, et que l'ascendant irrésistible de la vertu ne tarderait pas à l'emporter. Courroucée contre Louise, desolée de ses non-succès, elle s'en revint chez elle, ayant oublié d'apprendre à Henri que sa sœur était venue visiter l'Orpheline. Wilhelmine accourut au-devant de madame de Sebendal. « Eh bien? » lui dit-elle. — « Eh bien ! tout est perdu ! Il consent à ce que ma nièce me quitte. » — « O désespoir ! mais il ne sait pas que la princesse Adèle veut l'emmener avec elle? » — « Que me dites-vous ? » — « Ce qui se passe l'Altesse est dans le salon à attendre votre retour pour vous en faire part. » Hélas ! c'etait le dernier coup pour la Comtesse : elle s'était flattée encore que Louise revenant à Obernoff, ne pourrait lui nuire en aucune manière ; mais la voir à la cour sans elle était le complément de son mauvais sort ; il fallut néanmoins se soumettre de bonne grâce, et remercier encore la Princesse de ses bontés pour sa nièce. Louise quitta avec froideur sa tante; elle n'était pas payée pour la chérir tendrement.

CHAPITRE LIV.

*Mais enfin après l'orage
On voit luire le beau temps.*

Le Tableau parlant, *opera*.

On instruisit le Prince, de la part de sa sœur, que mademoiselle d'Hertal restait au palais. Henri, malgré lui, en éprouva de la joie ; il porta dans son lit son inquiétude et surtout son indécision. Le lendemain matin, vers les huit heures, le premier Ministre se présenta à son lever : il portait sur sa physionomie un air de contrainte qui ne lui était pas ordinaire, et le Prince en parut frappé. Il demanda au Comte s'il était malade, et sur sa réponse négative, il lui dit avec intérêt : « Est-ce vous ou moi qui pouvons causer votre émotion extrême ? » Pour toute réponse, Waldein tira de sa poche une lettre décachetée, et la lui présenta. C'était celle écrite par le pasteur Reich, durant la nuit precédente et immédiatement après l'arrivée du fugitif Léopold. Ce fut avec un serrement de cœur inexprimable qu'Henri prit connaissance des chagrins de son ami : il s'en accusa avec amertume.

« Comte, dit-il, mon imprudence a fait le mal, c'est à mon amitié à le réparer. Je n'ai pas tous les torts que Leopold me suppose; j'en ai un bien grand, celui de l'avoir affligé. Je vous jure sur l'honneur que ses soupçons sont mal fondés ; mais je dois les dissiper sur l'heure : venez être le médiateur entre lui et moi. » Il dit, et puis se tournant vers le Grand-Chambellan : « Comte de Mansdorf, faites préparer mon équipage de chasse ; dans une heure, je veux être sur la route d'Obernoff. » Ernest s'inclina en signe d'obéissance, et fut sur-le-champ donner les ordres nécessaires. Pour passer le temps jusqu'à celui de son départ, Henri envoya demander si sa sœur pouvait le recevoir. Adèle était déjà levée ainsi que Louise, et toutes les deux parlaient de Léopold et du moyen de le calmer dans son jaloux amour, lorsqu'elles reçurent le message du Prince. Mademoiselle d'Hertal voulait s'éloigner pendant cette entrevue, mais Adèle s'y opposa. « Non, restez, lui dit-elle ; il faut vous montrer à lui : est-ce à vous de le craindre ? Espérons plutôt un secours de son noble cœur. »

Henri ne tarda pas à paraître, et dès qu'il eut embrassé sa sœur, il se retourna vers l'Orpheline. « Mademoiselle, lui dit-il, le comte de Waldein et moi allons partir pour rejoindre un fugitif qui doute de son protecteur et de son ami. Léopold a craint de me faire lire dans sa pensée ; il a mieux aimé me fuir : il a eu tort. Rassurez-vous pourtant, il n'a point trop loin porté ses pas ; Obernoff a été le but de son voyage. Je vais le rejoindre, le serrer dans mes bras, et le rendre aux deux plus doux sentimens de la vie. Ne me chargerez-vous pas d'un message pour lui ? » A cette question inattendue, une vive rougeur colora le charmant visage de la jeune fille; elle demeura muette. Adèle s'apercevant de son embarras :

« Mon frère, dit-elle, nous ne pouvons rien mander à qui nous a quittées aussi brusquement, à qui voudrait nous oublier peut-être; mais qu'il se repente, qu'il revienne, et son pardon lui sera accordé. Voilà tout ce que nous vous permettons de lui dire. » — « Ah! dit à son tour Louise, faisant un puissant effort contre sa timidité, dites-lui qu'il m'a fait bien du mal, et qu'il a été bien injuste. » Cette conversation se prolongea sur ce ton jusqu'à l'instant où un page vint prévenir le Prince que son équipage l'attendait. Il prit congé de sa sœur et de Louise, et, en quittant celle-ci, il se félicita lui-même de la victoire qu'il remportait sur son cœur, et éprouva quelque orgueil à se montrer digne de la société vertueuse dont désormais il voulait s'environner. « Comte de Mansdorf, dit-il à Ernest qui allait monter dans la voiture, selon l'usage de l'etiquette, vous pouvez vous dispenser de nous suivre ; j'ai besoin de me trouver seul avec le comte de Waldein. »

Cet ordre inattendu fut un coup de poignard pour le Chambellan ; il voyait aussi autour de lui s'amasser l'orage, et il ne pouvait prévoir par où il éclaterait. aussi se retira-t-il enseveli dans de tristes pensées, en rêvant à la fortune de Leopold, et combien la sienne était chancelante et perilleuse.

L'arrivée du jeune Reich se répandit avec rapidité dans le village ; chacun se hâta de venir le feliciter sur son retour. Le bruit de sa faveur eclatante n'etait pas encore parvenue aux bons villageois ; aussi les marques d'attachement qu'il reçut étaient-elles désinteressées. On le cherissait pour lui-même, et il en éprouva une douce joie qui se mêla à sa morne melancolie en la tempérant quelque peu. On etait plus instruit au château des choses de ce monde. le comte d'Altorn avait appris que Léopold était devenu le favori du premier ministre, et, dès la veille, M. Reich lui était venu communiquer une lettre de son fils qui lui mandait l'accueil flatteur qu'il venait de recevoir du Prince, son ancien ami. C'en était assez pour qu'un gentilhomme se crût obligé à venir lui présenter ses devoirs. Léopold n'etait plus le modeste fils du Pasteur, c'était un homme qui pouvait pretendre à tout, et ce bon comte d'Altorn, malgré son âge avancé et sa longue retraite dans sa châtellenie, voulut tout comme un autre rendre son hommage au soleil levant.

Quand il parut devant Leopold, « monsieur de Reich, lui dit-il, je me felicite de pouvoir vous prouver combien je suis charmé de tout ce qui vous arrive de gracieux ; je n'oublierai jamais les deux chefs-d'œuvre que je dois à votre habile pinceau, et, en retour, vous apprendrez avec satisfaction, je pense, qu'en attendant que le mariage de ma nièce s'effectue avec le baron de Schullestein, j'ai obtenu de la famille de ce dernier l'avantage inappréciable de posséder en toute propriété l'original du portrait de ce fameux chevalier, Othon le Hardi...... » Le Comte fut ici interrompu par l'arrivée de plusieurs bourgeois qui venaient complimenter Léopold, et celui-ci, qui avait complétement oublié ce qui occupait si fort le Comte, ne fut pas fâché que de nouveaux interlocuteurs le dispensassent de soutenir une conversation qui devenait pour lui embarrassante. Mais le comte d'Altorn allait reprendre sur nouveaux frais, lorsqu'un grand bruit se fit entendre dans le village : des cris de joie annoncèrent le Prince.

« Le Prince ! s'écria Léopold, en se levant pour prendre la fuite : il descendait déjà l'escalier pour s'évader par le jardin, quand Henri parut devant lui, et se jetant dans ses bras : « Tu n'ecouteras plus, lui dit-il, la jalousie qui t'aveugle ; est-ce un crime de chérir celle que tu aimes, lorsqu'on sut toujours la respecter? » Quelle que pût être la jalousie de Léopold, elle ne tint pas contre cette franche démarche. Henri, le prenant à part, acheva de se justifier, et il le fit sans peine, quand il lui eut apprit ce qui s'etait passé. Le comte de Waldein se montra également, adressa à son protégé de tendres reproches, et tous ensemble parvinrent à l'apaiser, et a donner un nouveau cours à ses idees. Cependant, le seigneur d'Obernoff, surpris de l'arrivé imprevue du Souverain, cherchait dans sa tête les moyens de lui adresser une harangue pompeuse; on ne lui en donna pas le temps. Henri se rendit dans la chambre où il etait; et là, en présence de Waldein, du Pasteur et de Léopold, il lui demanda la main de sa nièce, mademoiselle d'Hertal, pour un jeune seigneur, fils du comte de Waldein, premier Ministre.

A cette proposition, Altorn témoigna sa surprise; il allait acceder aux désirs du Prince, mais il se rappela tout à coup que si Louise n'épousait pas le baron de Schullestein, il faudrait qu'il rendît, selon toute apparence, le portrait original d'Othon le Hardi, et cette pensée le fit hésiter; le Prince ayant cependant insisté, le Comte en avouant son embarras, se rendit, et sa joie fut grande quand Henri l'assura que le tableau lui resterait. Mais dans le temps que cette affaire se traitait, Léopold, de son côté, était en proie à une émotion bien naturelle : il entendait tout à coup parler d'un individu dont jusqu'alors il n'avait pas soupçonné l'existence; il voyait ses trois amis tourner vers lui des regards pleins de bonté et de malice. Une voix secrète lui disait que c'était lui dont parlait le Prince, et cependant il en doutait encore; il lui etait également penible de renoncer au père qu'il avait chéri jusqu'à ce jour . tout lui fut enfin éclairci.

M. Reich était l'époux de la sœur du comte de Waldein, dont on a parlé dans l'histoire de madame Meisberg; il consentit à se charger de l'éducation de l'enfant du premier Ministre; mais il ne voulut le faire que sous la condition de passer pour son père. Les motifs qui déterminèrent M. de Waldein à se séparer de son fils seraient trop longs à détailler ici. Nous les rapporterons dans la vie du premier Ministre, que nous donnerons si le commencement des avantures de la famille intéresse le public. On y verra tout ce que ce digne personnage eut à souffrir du caractère altier et inflexible de son père, et le désir bien naturel qu'il ressentit d'épargner à Léopold de semblables peines; mais s'il lui cacha son titre sacré, il voulut du moins se montrer à lui comme son ami et son parrain : sous un déguisement qui le rendait meconnaissable, c'était lui qui joua le rôle de Schalborg.

On doit croire maintenant que l'hymen de Léopold et de Louise n'éprouva pas d'empêchement. Les parens de mademoiselle d'Hertal s'empressèrent d'y consentir. Le baron Charles resta en Danemarck jusqu'au moment où, rappelé par la mort de son père, il vint à la résidence; là, mademoiselle de Worms parvint à le seduire et à l'engager à la prendre pour son épouse. Madame de Schullestein n'éprouva de dépit de la rupture du mariage de son fils que dans l'idée que son meuble enfin achevé ne serait pas honoré des regards de la Princesse régnante.

Ici revenons sur nos pas et ramenons à la résidence le Prince, le Ministre et Léopold. La joie de Louise sera appréciée autant que la douleur de madame de Sebendal, car elle reçut l'ordre précis de se démettre dans vingt-quatre heures de sa charge de Dame d'honneur, dont la princesse Amélie gratifia sur-le-champ la jeune comtesse de Waldein.

En même temps que les événemens se pressaient, on remit un paquet au Prince en présence du comte Ernest de Mansdorf. Henri en prit lecture, et jetant sur le Chambellan un coup d'œil foudroyant : « Tenez, Monsieur, lisez et jugez-vous vous-même. » C'était la correspondance amoureuse de Mansdorf avec Fiorina que celle-ci envoyait au Souverain. Le Comte fut sur le point d'expirer de désespoir ; il s'éloigna sans oser se justifier, et lui aussi cessa de se montrer à la cour. Léopold, investi de toute la confiance du Souverain, le dédommagea de la perte d'un perfide ami, et quand le comte de Waldein demanda sa retraite, Léopold le remplaça. Celle qui prit à ces événemens un intérêt véritable, fut la princesse Adèle : le bonheur de Léopold devenait le sien, et plus tard elle aussi fut également heureuse. Le comte Édouard de Sebendal, revenu de ses voyages et retrouvant celle qu'il adorait au plus haut point de fortune où elle pût parvenir, ne se flattait pas de pouvoir l'obtenir ; il fut agréablement detrompé. Léopold sut déterminer le Prince à consentir à ce mariage, et tous ces êtres véritablement vertueux jouirent enfin d'une félicité qu'ils avaient si bien méritée.

FIN DU QUATRIÈME ET DERNIER VOLUME

TABLE DES CHAPITRES

CONTENUS

DANS LE QUATRIÈME VOLUME.

———

	Pages.
Chap. XXXVIII.	1
Chap. XXXIX.	17
Chap. XL.	35
Chap. XLI.	49
Chap. XLII.	63
Chap. XLIII.	78
Chap. XLIV.	93
Chap. XLV.	115
Chap. XLVI.	127
Chap. XLVII.	142
Chap. XLVIII.	160

OUVRAGES DE FONDS.

L'ESPION DE POLICE, roman de mœurs, par M. le baron de Lamothe-Langon, auteur de *M. le Préfet.* 4 vol. in-12. Prix : 12 fr.

MARGUERITE LINDSAY, roman de mœurs écossaises, traduit de l'anglais d'Allan Cunningham, par madame la comtesse M...., et précédé d'une Notice par M. de Barante, auteur de l'*Histoire des ducs de Bourgogne.* 4 vol. in-12. Prix : 12 fr.

OSMOND, par l'auteur d'*Élisa Rivers* et de *Marguerite Lindsay*, deuxième édition. 4 vol. in-12. Prix : 12 fr.

LE PRISONNIER DE GUERRE, manuscrit trouvé sur le bord de la mer à la suite d'un naufrage. 2 vol. in-12. Prix : 6 fr.

LES AVENTURES D'UN JEUNE FRANÇAIS, ou la Puissance du caractère. 3 gr. vol. in-12, ornés de jolies gravures, par Ducange père. 1826. Prix : 9 fr.

ZOLOE, nouvelle africaine, par M. le comte de ***. 1 vol. in-12, sur beau papier. Prix : 3 fr. 50 c.

BRACEBRIDGE, traduit de l'anglais par Jean Cohen. 4 vol. in-12. Prix : 10 fr.

CHATEAU (LE) DU TYROL, par Hubert de l'Ambigu. 2 vol. in-12. Prix : Prix : 2 fr. 50 c.

LE FILS PERDU, traduit de l'anglais par Jean Cohen. 4 vol. in-12. Prix : 10 fr.

DÉLIA, Nouvelle russe, par madame de Saint-Ouen, 1 vol. in-12. 3 fr.

L'HÉRITIÈRE, par Viellerglé. 4 vol. in-12. Prix : 10 fr.

LÉON. 3 vol. in-12. Prix : 7 fr. 50 c.

LE MARIAGE NOCTURNE, traduit de l'anglais de mistriss Meek. 4 vol. in-12. Prix : 10 c.

ROBERT LE DIABLE, par M. Justin. 4 vol. in-12. Prix : 10 fr.

TÉKÉLY. 4 vol. in-12. Prix : 10 c.

CHING-KOUG, Lettres chinoises. in-12. Prix : 2 fr.

DE LA TOLÉRANCE ARBITRAIRE ET COUPABLE DU MINISTÈRE, A L'ÉGARD DES JÉSUITES, par M. de Saint-Valry. in-8. Prix : 5 fr.

PHILOSOPHIE DE LA GUERRE, par M. le marquis de Chambrai. 1 vol. in-8. Prix : 5 fr.

CALENDRIER JÉSUITIQUE, pour l'année 1827, pour l'édification des personnes pieuses attachées à la société; par M. Thomas. in-18. Prix : 3 fr. 50 c.

OEUVRES CHOISIES ET INÉDITES D'ÉVARISTE PARNY, publiées sur les manuscrits autographes de l'auteur. 3 vol. in-18, grand raisin, ornés d'un portrait et de deux vignettes d'après Isabey et Devéria, augmentées d'une Notice par M. Tissot, et du Discours de réception, à l'Académie, de M. Jouy, successeur de Parny. Prix : 15 fr.

ÉPITRE A M. HOFFMAN, du *Journal des débats*, en faveur des Jésuites, par M. Viennet, pénitent noir de la ville de Béziers. Prix : 1 fr.

SOUS PRESSE.

MANUSCRIT DE 1905 ou le Salon de Curtius, 2 vol. in-12. 6 fr.

RÉSUMÉ GÉOGRAPHIQUE DE LA RUSSIE, par Alphonse Rabbe, 2 vol. in-18, ornés de cartes coloriées.

IMPRIMERIE DE FAIN.

www.ingramcontent.com/pod-product-compliance
Lightning Source LLC
Chambersburg PA
CBHW050327170426
43200CB00009BA/1490